作者简介

郭　萌　东北电力大学艺术学院教授、设计艺术学硕士研究生导师。1968年5月出生于吉林市。2013年12月毕业于哈尔滨师范大学获博士学位。

韩洁平　东北电力大学经济管理学院副院长，教授、管理学硕士研究生导师。1969年11月出生于黑龙江巴彦，2010年12月毕业于吉林大学获博士学位。

毕依云　东北电力大学艺术学院2013级设计艺术学专业在读研究生。1989年1月出生于山东省聊城市，2012年7月毕业于内蒙古民族大学获学士学位。

本专著为吉林省教育厅资助出版

国家教育部2011年度人文社会科学研究项目

后续成果【结题证书编号：2015JXZ1322】

吉林省教育厅"十二五"人文社会科学

规划成果——专家建言项目

【合同编号：吉教科文合字{2015}第168号】

当代人文经典书库

文化艺术管理结构体系研究

郭　萌
韩洁平 ◎ 著
毕依云

光明日报出版社

图书在版编目（CIP）数据

文化艺术管理结构体系研究 / 郭萌，韩洁平，毕依
云著 . -- 北京：光明日报出版社，2017.11（2023.1 重印）
ISBN 978 - 7 - 5194 - 3563 - 9

Ⅰ.①文… Ⅱ.①郭… ②韩… ③毕… Ⅲ.①文化管
理–结构体系–研究 Ⅳ.①G11

中国版本图书馆 CIP 数据核字（2017）第 266037 号

文化艺术管理结构体系研究
WENHUA YISHU GUANLI JIEGOU TIXI YANJIU

著　　者：郭　萌　韩洁平　毕依云

责任编辑：曹美娜　朱　然　　　　　责任校对：赵鸣鸣

封面设计：中联学林　　　　　　　　责任印制：曹　净

出版发行：光明日报出版社

地　　址：北京市西城区永安路 106 号，100050

电　　话：010 - 67078251（咨询），67078870（发行），67019571（邮购）

传　　真：010 - 67078227，67078255

网　　址：http://book.gmw.cn

E - mail：gmrbcbs@ gmw.cn

法律顾问：北京市兰台律师事务所龚柳方律师

印　　刷：三河市华东印刷有限公司

装　　订：三河市华东印刷有限公司

本书如有破损、缺页、装订错误，请与本社联系调换

开　　本：710×1000　1/16

字　　数：149 千字　　　　　　　　印　　张：11.5

版　　次：2017 年 11 月第 1 版　　　印　　次：2023 年 1 月第 2 次印刷

书　　号：ISBN 978 - 7 - 5194 - 3563 - 9

定　　价：68.00 元

序　言

　　经过艺术学界长达十余年不懈地努力和论证,国务院学位委员会于2011年2月正式通过了艺术学独立为第十三大学科门类决议。同年4月召开的国务院学位委员会新年会议一致通过,将艺术学科独立成为艺术学门类,原属文学门类的艺术学科从文学所属的中国语言文学(0501)、外国语言文学(0502)、新闻传播学(0503)、艺术学(0504)四个并列一级学科中独立出来,成为新的学科门类——艺术学门类。

　　这次国务院学位委员会会议研究通过唯一一项一级学科升格为学科门类议案就是——"艺术学"门类。

　　我个人认为,这不是一个简单的学科提升,而是时代对艺术需求的提升、认识的提升,是社会赋予当代艺术创造的新使命:"摆在艺术学科面前的将是学科特性、学术框架、创作研究梳理与拓展等艰巨任务。"

　　早在1992年,国务院办公厅综合司编著的《重大战略决策——加快发展第三产业》一书中使用了"文化产业"概念。2000年10月,《中共中央关于"十五"规划建议》中提出了:"完善文化产业政策……推动有关文化产业的表述。"这是"文化产业"作为一个文化概念第一次出现在国家最重要政策文献中。

全球化进程推进，使中国市场正变成一个国际市场。在世界各国文化产业持续升温前景下，中国也正朝着世界的先进行列迈进，因此产业热本身也必然驱动了这个学科建设和研究之必要性。

随着我国经济发展和社会进步，我国高等教育已经迈入了大众化教育阶段，高等教育在中国已成为越来越多人提高自身素质的必然追求，而随着教育不断推进和发展，社会对高层次人才需求，不仅强调数量，而且更强调质量。因此，对现今高等教育培养方式应致力于具有全球化视角和现代思维模式等高级管理型适用性人才。

21世纪初在我国已相继开设文化产业管理专业本科院校近60所，在一级学科文学、历史学、新闻传播学、经济学、管理学下面，又包含30多种与文化产业相关专业或者方向。究其因由，一方面社会很热，人才培养需求很热，研究也热，但是它在本学科中却被边缘化，找不到准确的学科定位及框架体系，因此学科发展规划、发展战略方面都受到制约。而文化产业就其本身而言它是以文化产品的生产流通和消费及管理为研究对象，与艺术学、经济学、管理学等多学科相互交叉的学科，同时文化产业必将成为未来中国国民经济支柱产业，它的发展需要一大批既有较高艺术修养又具有创新、策划、管理能力和懂市场的文化艺术管理专门人才。

因此本书立足于文化艺术管理；是"服务"于艺术的工作，不是"管理"艺术的工作；艺术管理者不是艺术表演的传播者，而是赋予艺术"内涵"的思想者；艺术管理者应是当今社会中艺术传播方向的"引导者"，更好地全方位把握文化产业发展中文化艺术管理体制的脉络与进程。

郭萌
2015年10月于吉林市

编者寄语

　　文化产业是知识密集、信息密集、技术密集的领域，各种先进高科技正与高文化整合成高新文化产业形态。因此，数字化、网络化已成为必然发展趋势，许多发达国家都借此壮大自己文化产业发展力量。

　　与文化产业息息相关的文化艺术管理在信息化与全球化的大背景巨大力量之下，也将面临着如何融合众多产业集群，将各类传统产业资源整合、提升、组合成较为独特产业链。因此它特别强调将一种新理念注入到传统产业之中，用以实现市场价值提升和商业模式的创新，为产业结构升级注入源源不断的新鲜活力，为实现文化产业最脊髓的深刻寓意——"高创意、高附加值、低污染、低消耗"凸显特征，从而更加体现出文化艺术管理结构体系的真正特色。

　　文化艺术管理体系结构的确立，不仅可以与现代城市产业的高端化、经济低碳化的发展方向相得益彰，而且可以把知识、智力密集的特点，同时能够不受土地、资源的限制而获得快速发展，从而完全彻底地激发出现代城市的创新活力。

当前中国的人均 GDP 正由 3000 美元向 5000 美元跨越,进而一跃即将迈入 7800 美元行列,进入全面建设小康社会的一个崭新阶段,这也正是中国改革开放成果的新节点。

因此,经济的繁荣,生活条件的持续改善,必将促使人们对文化艺术水准的需求和更大的消费前景。所以相对于文化艺术管理体系结构的研究不仅可以极大地促进东西方文化艺术的汇融及中国本土策源地和时尚消费的引领者,同时这正是我国真正地从制造大国到"智造"强国转变的制胜法宝——文化艺术管理责无旁贷。

当今国际经济格局不断调整,全球经济地理格局加速重组,世界经济中心已经开始逐渐向亚洲地区转移。所以中国经济的发展更加急切地呼唤着本土经济政策的推新和文化产业方向性的引领。而随之的文化艺术管理水平建设不但能够大大地加强中国城市在世界经济、文化、贸易领域的地位,更能行之有效地推动城市经济发展的转型,全面实现向服务经济新型跨越。

本专著的撰写是在基于中国当代文化产业的迅猛发展之时,融中国艺术管理历史的渊源与久远,通过文化研究方法论中的"文化经济学与自由多元主义",以"政治经济学"和"文化社会学"为基础的四个维度,凝练出文化艺术管理体系中"社会向度"与"制度性课程研究方法"等框架体系。对文化艺术管理结构中数字内容产业成长机理及信息资源管理理论做了相应的阐述,进而总结出我国当代文化产业脉动下文化艺术管理的发展路径,希望能为现今文化艺术管理学的研究者们提供参考。

本专著第一编文化社会学部分绪论、文化研究方法论由毕依云编写,第三章至第五章由郭萌撰写,第二编数字内容产业部分由韩洁平编写。其中第九章及结论由郭萌撰写。

鉴于作者囿于成见,错漏之处在所难免,恳请同仁予以指正!

2

目 录
CONTENTS

目
录

3

第一编 **01**

文化社会学

第一章

绪　论

国家统计局社会科技和文化产业统计司文化产业处处长、高级统计师殷国俊在中国文化蓝皮书《中国文化产业发展报告（2012—2013）》中 B.26—《我国文化及相关产业分类新标准颁布实施》①强调性指出："2004 年颁布的《文化及相关产业分类》，第一次明确了我国文化产业的统计范围、层次、内涵和外延，为开展文化产业统计工作奠定了根基。"

本书中选用的统计研究理论数据是以新的《国民经济行业分类》（2011 年颁布）为基础，以联合国教科文组织《文化统计框架——2009》为参照，依据殷国俊处长统计的新分类标准实施，特别是党的十七届六中全会关于深化文化体制改革、推动社会主义文化大发展大繁荣要求下，并于 2012 年 7 月颁布新修订了《文化及相关产业分类（2012）》标准，同时发出通知，要求国务院各部门和各地区认真执行，作为国家统计和颁布的标准，使得今后所有与文化产业有关的数据均应以此所依。

---

① 张晓明，王家新，章建刚主编．中国文化产业发展报告（2012—2013）［M］．社会科学文献出版社，2013 年版，B，26，殷国俊，统计研究：320 – 334.

§1.1　文化及相关产业分类

2004 年以前,我国对文化产业缺乏科学、统一的分类标准,各地区、各部门在对文化产业的定义和范围的界定上区别很大,很大程度上影响了对我国文化产业发展状况认识和地区间比较。由于文化产业家底不清,伴随文化产业发展的相关集成产业链、学科体系及学术框架自然会受到相当大的阻碍和明确地学术体系建立,也必然导致文化产业在国民经济中的地位和对社会经济不能够起到相应作用的必然结果。

参照国家统计局社科文司处长、高级统计师殷国俊统计数据表明:首先是为文化产业实行规范化管理提供了相应参考和可靠研究保障,进而也为在文化产业发展背景之下文化艺术管理体系的建构和现有学术框架结构的合理调整及梳理提供了重要参考依据。

国家统计局利用 2004 年全国第一次经济普查资料,对我国文化产业的增加值、单位数、从业人员数、经营和资产情况等主要指标进行了全面测算,第一次比较完整地反映了我国文化产业发展总体规模和基本构成。文化及相关产业分类是整个文化产业发展的前提和基础,这一次分类第一次明确了我国文化产业范围、层次、内涵和外延,同时也对我国文化产业的增加值进行了首次测算。

从实施情况上看,以此分类为基础的统计数据不仅可以使得我们准确了解我国当代文化产业发展状况,更为文化体制改革和文化发展宏观决策提供了重要基础信息。

绪表 1-1-1　新旧《文化及相关产业分类》类别名称和代码对照表

类别名称(2012)	GB/T 4754-2011 代码	类别名称(2004)	GB/T 4754-2002 代码	简要说明
第一部分　文化产品的生产				
一、新闻出版发行服务				
(一)新闻服务				
新闻业	8510	新闻业	8810	
(二)出版服务				
图书出版	8521	图书出版	8821	
报纸出版	8522	报纸出版	8822	
期刊出版	8523	期刊出版	8823	
音像制品出版	8524	音像制品出版	8824	
电子出版物出版	8525	电子出版物出版	8825	
其他出版业	8529	其他出版	8829	
(三)发行服务				
图书批发	5143	图书批发	6343	
报刊批发	5144	报刊批发	6344	
音像制品及电子出版物批发	5145	音像制品及电子出版物批发	6345	
图书、报刊零售	5243	图书零售	6543	
		报刊零售	6544	
音像制品及电子出版物零售	5244	音像制品及电子出版物零售	6545	
二、广播电视电影服务				
(一)广播电视服务				

类别名称(2012)	GB/T 4754－2011 代码	类别名称 (2004)	GB/T 4754－2002 代码	简要说明
广播	8610	广播	8910	原8910部分内容调出
电视	8620	电视	8920	原8920部分内容调出
(二)电影和影视录音服务				
电影和影视节目制作	8630	电影制作与发行	8931	原8920、8931、8940部分内容调到此类
电影和影视节目发行	8640			
电影放映	8650	电影放映	8932	
录音制作	8660	音像制作	8940	原8910、8940的部分内容调到此类
三、文化艺术服务				
(一)文艺创作与表演服务				
文艺创作与表演	8710	文艺创作与表演	9010	
艺术表演场馆	8720	艺术表演场馆	9020	
(二)图书馆与档案馆服务				
图书馆	8731	图书馆	9031	
档案馆	8732	档案馆	9032	
(三)文化遗产保护服务				
文物及非物质文化遗产保护	8740	文物及文化保护	9040	更名
博物馆	8750	博物馆	9050	

类别名称（2012）	GB/T 4754－2011 代码	类别名称（2004）	GB/T 4754－2002 代码	简要说明
烈士陵园、纪念馆	8760	烈士陵园、纪念馆	9060	
（四）群众文化服务				
群众文化活动	8770	群众文化活动	9070	
（五）文化研究和社团服务				
社会人文科学研究	7350	社会人文科学研究	7550	
专业性团体（的服务）＊	9421	专业性社会团体＊	9621	更名
（六）文化艺术培训服务				
文化艺术培训	8293			新增行业
其他未列明教育＊	8299			新增"＊"行业
（七）其他文化艺术服务				
其他文化艺术业	8790	其他文化艺术	9090	
四、文化信息传输服务				
（一）互联网信息服务				
互联网信息服务	6420	互联网信息服务	6020	原6020部分内容调出
（二）增值电信服务（文化部分）				
其他电信服务＊	6319			新增"＊"行业
（三）广播电视传输服务				
有线广播电视传输服务	6321	有线广播电视传输服务	6031	

类别名称（2012）	GB/T 4754－2011 代码	类别名称（2004）	GB/T 4754－2002 代码	简要说明
无线广播电视传输服务	6322	无线广播电视传输服务	6032	
卫星传输服务 *	6330	卫星传输服务 *	6040	
五、文化创意和设计服务				
（一）广告服务				
广告业	7240	广告业	7440	
（二）文化软件服务				
软件开发 *	6510			新增"*"行业
数字内容服务 *	6591			新增"*"行业，原6212部分内容归入此类
（三）建筑设计服务				
工程勘察设计 *	7482			新增"*"行业
（四）专业设计服务				
专业化设计服务	7491	其他专业技术服务 *	7690	新增行业，原7690部分内容调到此类
六、文化休闲娱乐服务				
（一）景区游览服务				
		旅行社	7480	取消行业
公园管理	7851	公园管理	8132	

类别名称(2012)	GB/T 4754 – 2011 代码	类别名称 (2004)	GB/T 4754 – 2002 代码	简要说明
游览景区管理	7852	风景名胜区管理	8131	
		其他游览景区管理	8139	
野生动物保护 ＊	7712	野生动植物保护 ＊	8012	原8012分解
野生植物保护 ＊	7713			
(二)娱乐休闲服务				
歌舞厅娱乐活动	8911	室内娱乐活动	9210	原9210分解
电子游艺厅娱乐活动	8912			
网吧活动	8913	其他计算机服务 ＊	6190	原6190部分内容调到此类
其他室内娱乐活动	8919	室内娱乐活动	9210	原9210分解
游乐园	8920	游乐园	9220	
		休闲健身娱乐活动	9230	取消行业
其他娱乐业	8990	其他娱乐活动	9290	原9290的彩票活动调出
(三)摄影扩印服务				
摄影扩印服务	7492	摄影扩印服务	8280	
七、工艺美术品的生产				
(一)工艺美术品的制造				
雕塑工艺品制造	2431	雕塑工艺品制造	4211	
金属工艺品制造	2432	金属工艺品制造	4212	

第一编 文化社会学

类别名称(2012)	GB/T 4754-2011 代码	类别名称(2004)	GB/T 4754-2002 代码	简要说明
漆器工艺品制造	2433	漆器工艺品制造	4213	
花画工艺品制造	2434	花画工艺品制造	4214	
天然植物纤维编织工艺品制造	2435	天然植物纤维编织工艺品制造	4215	
抽纱刺绣工艺品制造	2436	抽纱刺绣工艺品制造	4216	
地毯、挂毯制造	2437	地毯、挂毯制造	4217	
珠宝首饰及有关物品制造	2438	珠宝首饰及有关物品的制造	4218	
其他工艺美术品制造	2439	其他工艺美术品制造	4219	
(二)园林、陈设艺术及其他陶瓷制品的制造				
园林、陈设艺术及其他陶瓷制品制造 *	3079			新增"*"行业
(三)工艺美术品的销售				
首饰、工艺品及收藏品批发	5146	首饰、工艺品及收藏品批发	6346	
珠宝首饰零售	5245			新增行业
工艺美术品及收藏品零售	5246	工艺美术品及收藏品零售	6547	

类别名称(2012)	GB/T 4754-2011 代码	类别名称 (2004)	GB/T 4754-2002 代码	简要说明
第二部分 文化相关产品的生产				
八、文化产品生产的辅助生产				
(一)版权服务				
知识产权服务 ＊	7250	知识产权服务 ＊	7450	
(二)印刷复制服务				
书、报刊印刷	2311	书、报、刊印刷	2311	
本册印制	2312			新增行业
包装装潢及其他印刷	2319	包装装潢及其他印刷 ＊	2319	取消"＊"
装订及印刷相关服务	2320			新增行业
记录媒介复制	2330	记录媒介的复制 ＊	2330	取消"＊"
(三)文化经纪代理服务				
文化娱乐经纪人	8941	文化艺术经纪代理	9080	原7499部分、原9080分解
其他文化艺术经纪代理	8949	其他未列明的商务服务 ＊	7499	原7499部分、原9080分解
(四)文化贸易代理与拍卖服务				
贸易代理 ＊	5181	贸易经纪与代理 ＊	6380	原6380分解为5181、5182、5189
拍卖 ＊	5182			
(五)文化出租服务				

类别名称(2012)	GB/T 4754-2011 代码	类别名称 (2004)	GB/T 4754-2002 代码	简要说明
娱乐及体育设备出租 *	7121			新增"*"行业
图书出租	7122	图书及音像制品出租	7321	原7321分解
音像制品出租	7123			
(六)会展服务				
会议及展览服务	7292	会议及展览服务	7491	
(七)其他文化辅助生产				
其他未列明商务服务业 *	7299			原7499分解
九、文化用品的生产				
(一)办公用品的制造				
文具制造	2411	文具制造	2411	
笔的制造	2412	笔的制造	2412	
		教学用模型及教具制造	2413	取消行业
墨水、墨汁制造	2414	墨水、墨汁制造	2414	
		其他文化用品制造	2419	取消行业
(二)乐器的制造				
中乐器制造	2421	中乐器制造	2431	
西乐器制造	2422	西乐器制造	2432	
电子乐器制造	2423	电子乐器制造	2433	

类别名称(2012)	GB/T 4754–2011 代码	类别名称(2004)	GB/T 4754–2002 代码	简要说明
其他乐器及零件制造	2429	其他乐器及零件制造	2439	
(三)玩具的制造				
玩具制造	2450	玩具制造	2440	
(四)游艺器材及娱乐用品的制造				
露天游乐场所游乐设备制造	2461	露天游乐场所游乐设备制造	2451	
游艺用品及室内游艺器材制造	2462	游艺用品及室内游艺器材制造	2452	原2452分解
其他娱乐用品制造	2469			
(五)视听设备的制造				
电视机制造	3951	家用影视设备制造	4071	原4071分解
音响设备制造	3952	家用音响设备制造	4072	更名
影视录放设备制造	3953			原4071分解
(六)焰火、鞭炮产品的制造				
焰火、鞭炮产品制造	2672			新增行业
(七)文化用纸的制造				
机制纸及纸板制造 *	2221	机制纸及纸板制造 *	2221	
手工纸制造	2222	手工纸制造 *	2222	取消"*"

第一编　文化社会学

类别名称(2012)	GB/T 4754－2011 代码	类别名称(2004)	GB/T 4754－2002 代码	简要说明
(八)文化用油墨颜料的制造				
油墨及类似产品制造	2642			新增行业
颜料制造 ＊	2643			新增"＊"行业
(九)文化用化学品的制造				
信息化学品制造 ＊	2664	信息化学品制造 ＊	2665	
(十)其他文化用品的制造				
照明灯具制造 ＊	3872			新增"＊"行业
其他电子设备制造 ＊	3990			新增"＊"行业
(十一)文具乐器照相器材的销售				
文具用品批发	5141	文具用品批发	6341	
文具用品零售	5241	文具用品零售	6541	
乐器零售	5247			原6549部分内容调到此处
照相器材零售	5248	照相器材零售	6548	
(十二)文化用家电的销售				
家用电器批发 ＊	5137	家用电器批发 ＊	6374	
家用视听设备零售	5271	家用电器零售 ＊	6571	取消"＊"
(十三)其他文化用品的销售				
其他文化用品批发	5149	其他文化用品批发	6349	

类别名称(2012)	GB/T 4754 –2011 代码	类别名称 (2004)	GB/T 4754 –2002 代码	简要说明
其他文化用品零售	5249	其他文化用品零售	6549	原6549部分内容调出
十、文化专用设备的生产				
(一)印刷专用设备的制造				
印刷专用设备制造	3542	印刷专用设备制造	3642	
(二)广播电视电影专用设备的制造				
广播电视节目制作及发射设备制造	3931	广播电视节目制作及发射设备制造	4031	
广播电视接收设备及器材制造	3932	广播电视接收设备及器材制造	4032	
应用电视设备及其他广播电视设备制造	3939	应用电视设备及其他广播电视设备制造	4039	
电影机械制造	3471	电影机械制造	4151	
(三)其他文化专用设备的制造				
幻灯及投影设备制造	3472			新增行业
照相机及器材制造	3473	照相机及器材制造	4153	
复印和胶印设备制造	3474	复印和胶印设备制造	4154	

类别名称(2012)	GB/T 4754－2011 代码	类别名称 (2004)	GB/T 4754－2002 代码	简要说明
		其他文化、办公用机械制造 ＊	4159	取消行业
(四)广播电视电影专用设备的批发				
通讯及广播电视设备批发 ＊	5178	通讯及广播电视设备批发 ＊	6376	
(五)舞台照明设备的批发				
电气设备批发 ＊	5176			新增"＊"行业

鉴于我国文化体制改革和发展实际,我国现行的分类在考虑文化生产活动特点的同时,兼顾并实施了政府部门管理需要;立足于现行的统计制度和方法,充分考虑分类统计的可操作性,同时分类统计也借鉴了联合国教科文组织的《文化统计框架——2009》的分类方法,在定义和覆盖范围上可与其衔接。

将文化及相关产业分为五层:

第一层包括文化产品的生产、文化相关产品的生产两部分,用"第一部分""第二部分"表示;

第二层根据管理需要和文化生产活动的自身特点分为 10 个大类,用"一""二"……"十"表示;

第三层依照文化生产活动的相近性分为 50 个中类,在每个大类下分别用"(一)""(二)""(三)"……表示;

第四层共有 120 个小类,是文化及相关产业的具体活动类别,直接用《国民经济行业分类》(GB/T 4754—2011)相对应行业小类的名称和代码表示。对于含有部分文化生产活动的小类,在其名称后用"＊"标出。

第五层为带"＊"小类下设置的延伸层。通过在类别名称前加"—"表示,不设代码和顺序号,其包含的活动内容在后续表2中加以说明。

§1.2　文化产业统计

党的十六大以来,各地区文化事业及文化产业随之得到空前长足发展,随着新技术及数字化在文化领域中的广泛应用,世界各国文化产业的意识形态等发生着历史性转变。

我国则在传统形态发生了巨大转变的同时,文化业态不断地融合,新业态不断涌现。

党的十七届五中全会提出推动文化产业成为国民经济支柱性产业的战略目标,特别是在十七届六中全会后进一步强调推动文化产业跨越式发展,使之成为国民经济建设过程中的一个新增长点、经济结构战略性调整的重要支点、转变经济发展方式的重要着力点。因此,适应我国文化产业发展新情况、新变化,依据文化产业统计数据,建立建制完善全面合理发展规划显得尤为重中之重之举措。

本书研究内容中文化产业部分撰写主要依据中国文化蓝皮书《中国文化产业发展报告(2012—2013)》(主编张晓明、王家新、章建刚)及北大论坛中的《文化立国,我国文化发展新战略》(主编向勇、赵佳琛)和清华大学出版社出版,清华大学国家文化产业研究中心主任熊澄宇撰写的《世界文化产业研究》为重要参考文献,以文化产业和其他产业的联系入手,按照文化产业整个生产链,通过创意、生产、传播、销售这些文化艺术管理必备管理渠道,探究新形式下我国文化艺术管理结构体系建设中的新方法。

绪表 1-2-1　文化及相关产业的类别名称和行业代码

类别名称	国民经济行业代码
第一部分　文化产品的生产	
一、新闻出版发行服务	
(一)新闻服务	
新闻业	8510
(二)出版服务	
图书出版	8521
报纸出版	8522
期刊出版	8523
音像制品出版	8524
电子出版物出版	8525
其他出版业	8529
(三)发行服务	
图书批发	5143
报刊批发	5144
音像制品及电子出版物批发	5145
图书、报刊零售	5243
音像制品及电子出版物零售	5244
二、广播电视电影服务	
(一)广播电视服务	
广播	8610
电视	8620
(二)电影和影视录音服务	
电影和影视节目制作	8630
电影和影视节目发行	8640
电影放映	8650

类别名称	国民经济行业代码
录音制作	8660
三、文化艺术服务	
（一）文艺创作与表演服务	
文艺创作与表演	8710
艺术表演场馆	8720
（二）图书馆与档案馆服务	
图书馆	8731
档案馆	8732
（三）文化遗产保护服务	
文物及非物质文化遗产保护	8740
博物馆	8750
烈士陵园、纪念馆	8760
（四）群众文化服务	
群众文化活动	8770
（五）文化研究和社团服务	
社会人文科学研究	7350
专业性团体(的服务)＊	9421
—学术理论社会团体的服务	
—文化团体的服务	
（六）文化艺术培训服务	
文化艺术培训	8293
其他未列明教育＊	8299
—美术、舞蹈、音乐辅导服务	
（七）其他文化艺术服务	
其他文化艺术业	8790

类别名称	国民经济行业代码
四、文化信息传输服务	
（一）互联网信息服务	
互联网信息服务	6420
（二）增值电信服务（文化部分）	
其他电信服务 *	6319
—增值电信服务（文化部分）	
（三）广播电视传输服务	
有线广播电视传输服务	6321
无线广播电视传输服务	6322
卫星传输服务 *	6330
—传输、覆盖与接收服务	
—设计、安装、调试、测试、监测等服务	
五、文化创意和设计服务	
（一）广告服务	
广告业	7240
（二）文化软件服务	
软件开发 *	6510
—多媒体、动漫游戏软件开发	
数字内容服务 *	6591
—数字动漫、游戏设计制作	
（三）建筑设计服务	
工程勘察设计 *	7482
—房屋建筑工程设计服务	
—室内装饰设计服务	
—风景园林工程专项设计服务	

类别名称	国民经济行业代码
(四)专业设计服务	
专业化设计服务	7491
六、文化休闲娱乐服务	
(一)景区游览服务	
公园管理	7851
游览景区管理	7852
野生动物保护*	7712
—动物园和海洋馆、水族馆管理服务	
野生植物保护*	7713
—植物园管理服务	
(二)娱乐休闲服务	
歌舞厅娱乐活动	8911
电子游艺厅娱乐活动	8912
网吧活动	8913
其他室内娱乐活动	8919
游乐园	8920
其他娱乐业	8990
(三)摄影扩印服务	
摄影扩印服务	7492
七、工艺美术品的生产	
(一)工艺美术品的制造	
雕塑工艺品制造	2431
金属工艺品制造	2432
漆器工艺品制造	2433
花画工艺品制造	2434

文化艺术管理结构体系研究

类别名称	国民经济行业代码
天然植物纤维编织工艺品制造	2435
抽纱刺绣工艺品制造	2436
地毯、挂毯制造	2437
珠宝首饰及有关物品制造	2438
其他工艺美术品制造	2439
(二)园林、陈设艺术及其他陶瓷制品的制造	
园林、陈设艺术及其他陶瓷制品制造 *	3079
一陈设艺术陶瓷制品制造	
(三)工艺美术品的销售	
首饰、工艺品及收藏品批发	5146
珠宝首饰零售	5245
工艺美术品及收藏品零售	5246
第二部分　文化相关产品的生产	
八、文化产品生产的辅助生产	
(一)版权服务	
知识产权服务 *	7250
一版权和文化软件服务	
(二)印刷复制服务	
书、报刊印刷	2311
本册印制	2312
包装装潢及其他印刷	2319
装订及印刷相关服务	2320
记录媒介复制	2330
(三)文化经纪代理服务	
文化娱乐经纪人	8941

类别名称	国民经济行业代码
其他文化艺术经纪代理	8949
(四)文化贸易代理与拍卖服务	
贸易代理*	5181
—文化贸易代理服务	
拍卖*	5182
—艺(美)术品、文物、古董、字画拍卖服务	
(五)文化出租服务	
娱乐及体育设备出租*	7121
—视频设备、照相器材和娱乐设备的出租服务	
图书出租	7122
音像制品出租	7123
(六)会展服务	
会议及展览服务	7292
(七)其他文化辅助生产	
其他未列明商务服务业*	7299
—公司礼仪和模特服务	
—大型活动组织服务	
—票务服务	
九、文化用品的生产	
(一)办公用品的制造	
文具制造	2411
笔的制造	2412
墨水、墨汁制造	2414
(二)乐器的制造	
中乐器制造	2421

文化艺术管理结构体系研究

类别名称	国民经济行业代码
西乐器制造	2422
电子乐器制造	2423
其他乐器及零件制造	2429
(三)玩具的制造	
玩具制造	2450
(四)游艺器材及娱乐用品的制造	
露天游乐场所游乐设备制造	2461
游艺用品及室内游艺器材制造	2462
其他娱乐用品制造	2469
(五)视听设备的制造	
电视机制造	3951
音响设备制造	3952
影视录放设备制造	3953
(六)焰火、鞭炮产品的制造	
焰火、鞭炮产品制造	2672
(七)文化用纸的制造	
机制纸及纸板制造*	2221
—文化用机制纸及纸板制造	
手工纸制造	2222
(八)文化用油墨颜料的制造	
油墨及类似产品制造	2642
颜料制造*	2643
—文化用颜料制造	
(九)文化用化学品的制造	
信息化学品制造*	2664

类别名称	国民经济行业代码
一文化用信息化学品的制造	
(十)其他文化用品的制造	
照明灯具制造*	3872
一装饰用灯和影视舞台灯制造	
其他电子设备制造*	3990
一电子快译通、电子记事本、电子词典等制造	
(十一)文具乐器照相器材的销售	
文具用品批发	5141
文具用品零售	5241
乐器零售	5247
照相器材零售	5248
(十二)文化用家电的销售	
家用电器批发*	5137
一文化用家用电器批发	
家用视听设备零售	5271
(十三)其他文化用品的销售	
其他文化用品批发	5149
其他文化用品零售	5249
十、文化专用设备的生产	
(一)印刷专用设备的制造	
印刷专用设备制造	3542
(二)广播电视电影专用设备的制造	
广播电视节目制作及发射设备制造	3931
广播电视接收设备及器材制造	3932
应用电视设备及其他广播电视设备制造	3939

类别名称	国民经济行业代码
电影机械制造	3471
(三)其他文化专用设备的制造	
幻灯及投影设备制造	3472
照相机及器材制造	3473
复印和胶印设备制造	3474
(四)广播电视电影专用设备的批发	
通讯及广播电视设备批发 *	5178
—广播电视电影专用设备批发	
(五)舞台照明设备的批发	
电气设备批发 *	5176
—舞台照明设备的批发	

§1.3 文化统计框架

从 2012 年的《文化及相关产业分类》①中,我们不难看出,它是以新的《国民经济行业分类》(2011 年颁布)为基础制定的,延续了原有的分类方法,调整了类别结构,增加了与文化生产活动相关的创意、新业态、软件设计服务等内容和部分行业小类,删除了少量不符合文化及相关产业

---

① 殷国俊,我国文化及相关产业分类新标准颁布实施,中国文化产业发展报告(2012 – 2013)[M].社会科学文献出版社,张晓明,王家新,章建刚主编.2013 年版,B,26,统计研究:322.

文化艺术管理结构体系研究

定义的活动类别。

分类将我国现行文化及相关产业分为五层：

第一层分为"文化产品的生产"和"文化相关产品的生产"。

例如图 1-3-1：

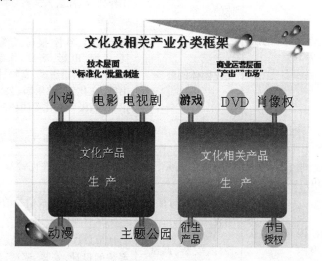

第二层根据管理需要和文化生产活动的自身特点分为 10 个大类：

即"新闻出版发行服务""广播电视电影服务""文化艺术服务""文化信息传输服务""文化创意和设计服务""文化休闲娱乐服务""工艺美术品的生产""文化产品生产的辅助生产""文化用品的生产""文化专用设备的生产"等。

第三层依照文化生产活动的相近性分为 50 个中类。

第四层是具体的活动类别，共计 120 个小类。

第五层是对于含有部分文化生产活动的小类设置的延伸层，共计 29 个。

绪表1－3－1　对延伸层文化生产活动内容的说明

序号	类别名称及代码		文化生产活动的内容
	小类	延伸层	
1	专业性团体(的服务)(9421)	学术理论社会团体的服务	包括党的理论研究、史学研究、思想工作研究、社会人文科学研究等团体的服务
		文化团体的服务	包括新闻、图书、报刊、音像、版权、广播、电视、电影、演员、作家、文学艺术、美术家、摄影家、文物、博物馆、图书馆、文化馆、游乐园、公园、文艺理论研究、民族文化等团体的服务
2	其他未列明教育(8299)	美术、舞蹈、音乐辅导服务	包括美术、舞蹈和音乐等辅导服务
3	其他电信服务(6319)	增值电信服务(文化部分)	包括手机报、个性化铃音、网络广告等业务服务
4	卫星传输服务(6330)	传输、覆盖与接收服务	包括卫星广播电视信号的传输、覆盖与接收服务
		设计、安装、调试、测试、监测等服务	包括卫星广播电视传输、覆盖、接收系统的设计、安装、调试、测试、监测等服务
5	软件开发(6510)	多媒体、动漫游戏软件开发	包括应用软件开发及经营中的多媒体软件和动漫游戏软件开发及经营活动
6	数字内容服务(6591)	数字动漫、游戏设计制作	包括数字动漫制作和游戏设计制作等服务
7	工程勘察设计(7482)	房屋建筑工程设计服务	包括房屋(住宅、商业用房、公用事业用房、其他房屋)建筑工程设计服务
		室内装饰设计服务	包括住宅室内装饰设计服务和其他室内装饰设计服务
		风景园林工程专项设计服务	包括各类风景园林工程专项设计服务
8	野生动物保护(7712)	动物园和海洋馆、水族馆管理服务	包括动物园管理服务,放养动物园管理服务,鸟类动物园管理服务,海洋馆、水族馆管理服务

序号	类别名称及代码		文化生产活动的内容
	小类	延伸层	
9	野生植物保护 (7713)	植物园管理服务	包括各类植物园管理服务
10	园林、陈设艺术及其他陶瓷制品制造 (3079)	陈设艺术陶瓷制品制造	包括室内陈设艺术陶瓷制品、工艺陶瓷制品、陶瓷壁画、陶瓷制塑像和其他陈设艺术陶瓷制品的制造
11	知识产权服务 (7250)	版权和文化软件服务	版权服务包括版权代理服务,版权鉴定服务,版权咨询服务,海外作品登记服务,涉外音像合同认证服务,著作权使用报酬收转服务,版权贸易服务和其他版权服务。文化软件服务指与文化有关的软件服务,包括软件代理、软件著作权登记、软件鉴定等服务
12	贸易代理 (5181)	文化贸易代理服务	包括文化用品、图书、音像、文化用家用电器和广播电视器材等国际国内贸易代理服务
13	拍卖 (5182)	艺(美)术品、文物、古董、字画拍卖服务	包括艺(美)术品拍卖服务,文物拍卖服务,古董、字画拍卖服务
14	娱乐及体育设备出租 (7121)	视频设备、照相器材和娱乐设备的出租服务	包括视频设备出租服务,照相器材出租服务,娱乐设备出租服务
15	其他未列明商务服务业 (7299)	公司礼仪和模特服务	公司礼仪服务包括开业典礼、庆典及其他重大活动的礼仪服务。模特服务包括服装模特、艺术模特和其他模特等服务
		大型活动组织服务	包括文艺晚会策划组织服务,大型庆典活动策划组织服务,艺术、模特大赛策划组织服务,艺术节、电影节等策划组织服务,民间活动策划组织服务,公益演出、展览等活动的策划组织服务,其他大型活动的策划组织服务
		票务服务	包括电影票务服务,文艺演出票务服务,展览、博览会票务服务

第一编 文化社会学

序号	类别名称及代码		文化生产活动的内容
	小类	延伸层	
16	机制纸及纸板制造(2221)	文化用机制纸及纸板制造	包括未涂布印刷书写用纸制造,涂布类印刷用纸制造,感应纸及纸板制造
17	颜料制造(2643)	文化用颜料制造	包括水彩颜料、水粉颜料、油画颜料、国画颜料、调色料、其他艺术用颜料、美工塑型用膏等制造
18	信息化学品制造(2664)	文化用信息化学品的制造	包括感光胶片的制造,摄影感光纸、纸板及纺织物制造,摄影用化学制剂、复印机用化学制剂制造,空白磁带、空白磁盘、空盘制造
19	照明灯具制造(3872)	装饰用灯和影视舞台灯制造	包括装饰用灯(圣诞树用成套灯具、其他装饰用灯)和影视舞台灯的制造
20	其他电子设备制造(3990)	电子快译通、电子记事本、电子词典等制造	包括电子快译通、电子记事本、电子词典等电子设备的制造
21	家用电器批发(5137)	文化用家用电器批发	包括电视机、摄录像设备、便携式收录放设备、音响设备等的批发
22	通讯及广播电视设备批发(5178)	广播电视电影专用设备批发	包括广播设备、电视设备、电影设备、广播电视卫星设备等的批发
23	电气设备批发(5176)	舞台照明设备的批发	包括各类舞台照明设备的批发

以上所有信息统计均来自国家统计局《文化及相关产业分类(2012)》

来源:国家统计局网站

调整后相应的增加内容为:

(1)文化创意。

包括建筑设计服务(指工程勘察设计中的房屋建筑工程设计、室内装饰设计和风景园林工程专项设计）和专业设计服务（指工业设计、时装设计、包装装潢设计、多媒体设计、动漫及衍生产品设计、饰物装饰设计、美术图案设计、展台设计、模型设计和其他专业设计等服务）。

（2）文化新业态。

包括数字内容服务中的数字动漫制作和游戏设计制作，以及其他电信服务中的增值电信服务（文化部分）。

（3）软件设计服务。

包括多媒体软件和动漫游戏软件开发。

（4）具有文化内涵的特色产品的生产。

主要是焰火、鞭炮产品的制造，珠宝首饰及有关物品的制造、销售，陈设艺术陶瓷制品的制造等。

（5）其他。

包括文化艺术培训、本册印制、装订及印刷相关服务、幻灯及投影设备的制造和舞台照明设备的批发等。

而相应减少的内容为：

包括旅行社、休闲健身娱乐活动、教学用模型及教具制造、其他文教办公用品制造、其他文化办公用机械制造和彩票活动等。

非常重要的是关于文化及相关产业的定义此次得以做出了重要阐述：

2004 年制定的分类把文化及相关产业定义为"为社会公众提供文化、娱乐产品和服务的活动，以及与这些活动有关联的活动的集合"。本次修订把文化及相关产业的定义进一步完善为"指为社会公众提供文化产品和文化相关产品的生产活动的集合"，并在范围的表述上对文化产品的生产活动（从内涵）和文化相关产品的生产活动（从外延）做出解释。

根据这一定义，文化及相关产业包括了四个方面的内容：

即文化产品的生产活动；

文化产品生产的辅助生产活动；

文化用品的生产活动；

文化专用设备的生产活动。

其中文化产品的生产活动构成文化及相关产业的主体，其他三个方面是文化及相关产业的补充。

§1.4　文化产业分类新标准

在国民经济行业分类中，一个行业（或产业）是指从事相同性质的经济活动的所有单位集合。在统计分类中，行业与产业在英语中都称为"industry"。对国际上的有关分类我国一般翻译为"产业"，而我国相对应的分类叫"行业"。目前，在我国使用"产业"一词往往更强调其经营性或经营规模。

我国现今使用"文化及相关产业"的名称，分类涉及范围既包括了公益性单位，也包括了经营性单位，其范围与联合国教科文组织的《文化统计框架—2009》规定的范围基本一致。

截至目前，我国现代文化体制改革取得重大进展，多数行业的公益性或经营性属性可以确定，特别是经过两次全国经济普查，使用是否执行企业会计制度来区分经营性文化产业单位和公益性文化事业单位的原则已经确定。因此，在统计上所称的"文化及相关产业"泛指以上所属分类所覆盖的全部单位，"文化产业"仅指经营性文化单位集合，"文化事业"仅指公益性文化事业单位集合。

我国现今对于新生的文化业态和与文化及相关产业定义较为符合的生产活动已纳入分类，对于争议较大或目前尚把握不准的生产活动暂不纳入（如手机和微型家用计算机的制造），对于虽有部分活动与文化有关但已形成自身完整体系的生产活动不予纳入，以免削弱本分类的文化特征。

所以凡属于农业、采矿、建筑施工、行政管理、体育、自然科学研究、国民教育、餐饮、金融、修理等生产活动和宗教活动均不纳入分类。

与2004年的《文化及相关产业分类》相比，修改后突出表现在以下三个方面：

一是把文化及相关产业的定义进一步完善为"指为社会公众提供文化产品和文化相关产品的生产活动的集合"，并在范围的表述上对文化产品的生产活动（从内涵）和文化相关产品的生产活动（从外延）做出了详尽的解释；

二是为适应我国文化产业发展的新情况新变化，对原有的类别结构和具体内容做了调整，增加了文化创意、文化新业态、软件设计服务、具有文化内涵的特色产品的生产等内容和部分行业小类，删除旅行社、休闲健身娱乐活动、教学用模型及教具制造、其他文教办公用品制造、其他文化办公用机械制造和彩票活动等；

三是由于目前我国文化体制改革已取得新突破，文化业态不断融合，文化新业态不断涌现，许多文化生产活动已经很难区分是核心层还是外围层，因此本次修定不再保留三个层次的划分。

新分类用文化产品的生产活动、文化产品生产的辅助生产活动、文化用品的生产活动和文化专用设备的生产活动等四个方面来替代三个层次。其中文化产品的生产活动构成文化及相关产业的主体，其他三个方面是文化及相关产业的补充。

第二章

文化研究方法论

文化是任何社会关注的课题，要研究透彻就必须涉及一定的研究方法问题。方法可以说是一切科学研究手段。综合而来，就对文化的研究我们可以归纳为以下几种常用方法：

一、辩证的方法

文化在不同的时间、不同的空间表现形式不一样。例如封建文化与资本主义文化会有质的不同，中国文化与西方文化不同，行业文化与社会文化不同，等等。文化的不同反映了不同时期、不同制度、不同民族、不同人群的需要和创造力。我们由此知道，文化是因时、因地、因人而异的。所以我们在研究文化时要用辩证的方法，既不能肯定一切，也不能否定一切，也就是要分析当时当地和人们活动状况，同时要用发展眼光来对待一切文化。

辩证的方法可以看出是有利于发现文化的价值，并加以利用和发展。

二、历史的方法

文化都是特定历史时期人类创造的，在研究时要分析历史环境，从而发现其存在的理由和价值。文化应该是一个创造文化的历史，劳动人民是历史的创造者,因此研究文化就是要研究征服自然和改造自然的活动。考察文化产生发展的背景,是继承和发展文化的基础,特别在市场经济中,历史文化尤显重要。历史中丰厚底蕴,意味着一个民族的实力,这里不必深入阐述大家都很清楚。由此而提高民族经济在世界上的竞争力也是显而易见的,用历史的眼光来发掘文化价值,是文化研究的一个目的。

历史的方法是文化研究的基本方法之一。这是由文化适应性和继承性所决定的。因为任何文化都有其特点,所以要用历史的方法来研究文化。

三、实践与理论相结合的方法

所谓文化是人类活动的概括,就说明了文化是从实践中来的。文化又贯串于人类的一切活动。因此,文化也是影响人类活动不可替代的因素。研究文化,要把理论与实践相结合,既要从实践中提炼,又要拿到实践中去检验,得出经得起实践考验的东西。

文化研究中的实践与理论相结合方法,符合文化产生、发展规律。任何文化的形成与发展,都是由实践到理论,再由理论到实践不断循环发展的过程。可以说,理论与实践相结合的研究方法,是人类一切知识形成和发展的重要途径,也是文化群众创造观基础所在。

但就对文化产业的研究,由于我们很难为"文化产业"这一术语下一个准确的定义。倘若从最为广泛的人类学意义上来说,"文化"是一个"独特人群或社会团体的'生活全貌'"①。由这一定义很可能引申出下列论点:所有的产业都是文化产业,因为所有的产业都与文化生产和消费有关。

---

① 大卫·赫斯蒙德夫著,张菲娜译. 文化产业[M].北京:中国人民大学出版社,2007:12.

因此,通过这种定义方式,我们所穿的衣服,家庭和工作场所的器具、小汽车、公共汽车和火车等交通工具,我们所喝的饮料和所吃的食物,都是文化的一部分,而且它们几乎都是为了谋利而以产业化的方式被生产出来的。

如图 2 - 0 - 1:

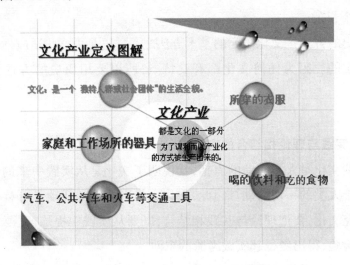

由于文化产业通常指的是与社会意义的生产最直接相关的机构,因此,几乎所有关于文化产业的定义都应该包括,如电视、无线电广播、电影、书报刊出版、音乐的录音与出版产业、广告以及表演艺术等,而所有这些文化活动的首要目标是与受众沟通并创作文本。

鉴于文化产业"谋利"特殊性,首先介入的研究方法应属文化经济学。

§2.1　文化经济学与自由多元主义传播

文化经济学是经济学的一个分支,它专门关注文化和艺术。

经济学从 19 世纪发展到现代的形式后,经济学理论一直受到新古典主义概念的支配。

新古典经济学既不关注决定人类需求和权利,也不介入社会正义问题。相反,它关注的是人类需要如何得到最大限度上的满足。虽然术语和分析过程非常专业且深奥难懂,新古典经济学却自称是一门应用性社会科学,旨在理解市场如何以及在什么条件下能够发挥最大功用。

自从 20 世纪 30 年代以来,研究者就开始运用社会学方法来研究大众传播媒介。到了 50 年代,传播学研究的既定传统在美国成型。此学科至今兴旺发达,并传播到欧洲和其他地区。多年来,该研究领域中占主导地位的关注点是媒介讯息(messages)对受众所产生的"效果",并倾向于设想这些效果是有限的和难以证明的[①]。这种传统受到行为主义的强烈影响,因为行为主义相信,要想更好地理解社会,最好是关注个体外在行为,而非费力地去理解(经由心理学或哲学)心智过程和事件,亦非探究(经由社会学)社会权力和社会地位问题。更有甚者,这种传统在探讨文化产品及文化机构时摒弃了对讯息消费的分析。

然而,近来自由多元主义传播研究的作品,越来越多地关注到与文化生产有关的权力和社会正义问题,这些问题也是本书的基本关注点。有一个重要传统观点是,媒介的影响力已经改变了政治传播。

---

① 大卫·赫斯蒙德夫著,张菲娜译. 文化产业[M]. 北京:中国人民大学出版社,2007:32.

虽然自由多元主义传播研究的理论很有实力，但还存在着一些局限性。首先，也是最重要的，就是它不能系统地阐释文化产业如何与更广泛的经济、政治和社会文化进程相互联结。这一问题根源在于自由多元主义本身便是政治学的一种形式：不平等和权力的组成形式不被重视；乐观而含蓄地认为社会是一个游乐园。

我们还需要反思：充斥在人们日常生活中的娱乐不仅影响了我们关于民主如何运作的认识，也影响了我们对人类生活其他方面的思考，包括作为感情和情感存在物的人类自身。

因此，值得强调的是，文化和媒介理论的特定方法——尤其是文化研究方法——将为我们正确思考"文化产业"相关问题指明方向。

§2.2　政治经济学多元法则

相较于文化经济学和自由多元主义传播研究，在分析与文化生产相关的"权力"方面，政治经济学的方法更具解释力。

政治经济学是一个对所有经济分析整体传统的统称，与主流经济学不一样，它将重点放在道德和规范问题上。然而，也并非只有那些对主流经济学持批判态度的政治左派（politicalleft）才主张使用这一术语①。

更令人惊奇的也许是其他各界对政治左派和政治经济学亦充满敌意。一种常见的误解是将政治经济学的方法视为正统文化经济学的一个分支。实际上，政治经济学明确的目的在于挑战新古典经济学中道德视角的缺失。彼得·戈尔丁和格雷厄姆·莫多克（PeterGolding&GrahamMurdock，）从四个

---

①　大卫·赫斯蒙德夫著，张菲娜译．文化产业［M］．北京：中国人民大学出版社，2007：
35.

方面区分了批判政治经济学的方法在媒介研究中与主流经济学的不同之处①:

一是批判政治经济学对媒介研究是整体性的,它将经济视为与政治、社会、文化生活休戚相关,而非一个彼此分离的领域。

二是批判政治经济学对媒介研究是历史性的,它密切关注文化中国家角色、公司角色和媒介角色的长期变迁。

三是批判政治经济学对媒介研究集中于"关注私人企业与公共干预之间的平衡"。

四是,"也许是最重要的",批判政治经济学不仅超越"效率等技术性问题,还致力于正义、公平和公共良善等基本道德问题"。这里找到了某种方式为"政治经济学的方法"下定义,而且也的确澄清了批判政治经济学与文化经济学的区别。但是有两个进一步的特征可以帮助我们弄清此研究领域的独特之处:

用政治经济学方法研究文化产业的主要贡献,是将"文化产业在多大程度上为权贵者利益服务"这一论争纳入学术的论辩范围。因此,政治经济学方法的中心主题一直是"文化产业的所有权和控制力"问题。文化产业组织确实是以这种方式为其所有者的利益服务。事实上,就连许多政治经济学的著述者要想精确地说明这一问题也面临重重困难及错综复杂的处境。

---

① 大卫·赫斯蒙德夫著,张菲娜译. 文化产业[M].北京:中国人民大学出版社,2007:36.

§2.3　从文化生产视角看文化社会学

文化产业的研究方法始于欧洲,由伯纳德·米亚基(Bernard Miège,1989)和尼古拉斯·伽纳姆(Nicholas Garnham,1990)首创,后为欧洲和其他地区专家学者所继承,它着重阐明的是文化产业的独特状况及文化产业的方法,为文化生产的独特状况提供了细目分类。

生产和消费之间的紧张关系尽管顾名思义,文化产业的方法将焦点置于供应方——文化生产者、发行者以及他们所处的社会和政治环境上,但是它并没有忽视受众的能动性,这通常是政治经济学及某类媒介社会学的中心目标。相反,文化产业的方法将文化生产视作复杂的、矛盾的、充满竞争的商业过程,这主要是由受众对于文化文本的需要这种天性而滋生的问题。在文化产业的研究方法中,生产和消费不被看作是分离的实体,而是被视为一个独立过程中的不同阶段。

在这其中文化社会学的一个特定理论对该问题有重要贡献。

此理论主要源于美国,并吸收利用了韦伯式的(Weberian)互动论者的分析理论及"文化生产"的视角。

文化生产视角最有价值的一个贡献在于丰富了我们对"创意"这一概念的理解。与将文化理解为"具有天赋者的作品"相反,霍华德·贝克(Howard Becker,1982)和理查德·彼得森(Richard Peterson,1976)等作家认为创意的文化和艺术工作都是协作和复杂劳动分工的结果。诸多文化社会学文献中特别有用的是彼得森和伯格(Peterson&Berger,1971)、赫斯基(Hirsch,1990/1972)和狄马乔(DiMaggio,1977)等人论述文化产业特性的著作。这与用文化产业的方法研究文本生产公司的独特策略颇为一致①。

以传播研究的取向来看，我认为这些问题是由于这些学者的论述中隐含着自由多元主义的政治观点所致。许多文化产业社会学家原本非常关注，引起"文化生产"社会学家注意的各种法律、技术、市场和组织的因素，究竟倾向于为谁的利益服务？可以说自20世纪70年代初开始，美国的激进媒介社会学和欧洲出现的媒介研究这一新兴学科，在方法上与政治经济学的做法形成了互补。

§2.4　文化研究方法

首先提及文化研究方法的原因是它不仅能够提供得更多，并且它可以帮助我们理解意义和文化价值，更重要的是它可以弥补文化产业研究方法的缺陷。那么在这一方面，文化研究最主要的成就是什么呢？就是文化研究必须认真对待普通的、日常的文化。

因此必须注意到的是，文化研究是反对过度重视神圣地、"高等文化"的文本，但是它也没有不加批判地"赞美"大众文化。由于文化研究在20世纪八九十年代就开始国际化了，出身于欧美这一世界中心地带之外的作家们，包括流浪的犹太知识分子爱德华·萨伊德（Edward Said，1994）和盖娅特里·斯匹瓦克（Gayatri Spivak，1988），为我们开启了用不同方式思考文化的空间，他们注意到了文化是殖民主义下的复杂产物。

现今，文化研究的方法对此进行了改进，不失为一个相当大的进步。

文化研究最佳成果是完成了对一个比其他文化理论更为广泛的关于文化体验中深入严肃的思考。此外，虽然人类学和社会学的方法也有这

---

① 　大卫·赫斯蒙德夫著，张菲娜译．文化产业［M］．北京：中国人民大学出版社，2007.
　　第一章，四．何种政治经济学．p37.

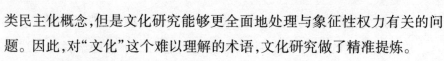

类民主化概念,但是文化研究能够更全面地处理与象征性权力有关的问题。因此,对"文化"这个难以理解的术语,文化研究做了精准提炼。

文化研究认为文化是一个错综复杂的概念,在这个空间里有许多不同影响因素相互交织并产生冲突。

另外一点就是,文化研究提出了一些至关重要的政治问题,如谁说话、谁有权对文化发表意见。这样不但将新观点带入了文化研究之中,并且提出了一些严肃而重要的政治问题,如从一个特殊主体角度如何看待他人文化实践。最后,文化研究将与文化相关文本性、主体性、认同、话语和愉悦等问题放到显著位置。

在集中列举了与文化产业研究相关的主要方法后,其主要的目的是由于文化产业身兼双重角色——作为生产系统和作为文本生产者,所以这些问题在文化产业环境中至关重要。因为它既可以同属管理学提出一个全面的策略,同时也可以被描述成政治经济学方法的一个特殊的类型,这个类型是由文化实证社会学、传播研究和文化研究的特定方面结合而成。因此文化研究方法为我们对文化艺术管理结构体系的研究起到了至关重要作用。

第三章

文化社会学中的课程话语论

　　文化事业和文化产业将成为 21 世纪我国国民经济的支柱产业,它的发展需要一大批既有较高艺术修养又具有创新、策划、管理能力和懂市场的文化艺术管理专门人才。文化艺术管理学以培养面向未来、面向世界,具有良好的艺术才能、经营头脑、战略眼光、竞争意识、组织才能的艺术管理人才,紧随社会发展和文化事业、文化产业的发展需要,应不断培养出新一代社会需要的艺术管理者、艺术经纪人、策划人、节目制作人等,为省、市、县各级文化管理机构、演出团体、演出场所、演出公司、音像出版社、艺术院校、电台、电视台及各种传媒机构输送既懂艺术又会管理的复合型人才。

　　随着时代发展,社会的政治、经济、文化、科技等都出现了新发展趋势和特点,社会结构也在发生着变化,这些都对人才培养和课程建设提出了新挑战。文化艺术管理结构体系中的重要一环——"课程结构"作为人才培养中的重要手段和内容,必将出现新的、符合社会变迁的话语类型和话语实践。用以适应我国国情课程话语的形成与发展,不可能在旦夕之间从外部"搬迁"过来,而只能在中国本土语境里自主生成。以社会为向度的文化艺术管理课程话语研究将以我国新时期社会发展特点为依据,根据课程话语与社会变迁的规律特点,分析我国当前前瞻课程理念的发展方向与趋势,理性地指导我国现今文化艺术管理体系中课程理念向更符合当代社会发展规律的方向发展,为我国当代文化艺术管理体系中课程规划、教科书建设、课程实践提供理论方向和实践指导,为课程设置和调控奠定基础。

§3.1 话语社会之维中的辩证关系

自索绪尔(Ferdinand de Saussure)研究语言学之后,语言、话语(discourse)成为哲学和社会科学谈论的重要内容。尤其在后现代思想家的论述中,话语成为知识、权力、社会的重要研究工具。

很多思想家们明确指出,话语不是由"漫无目的地选择词汇和陈述构成的,而是按照一定的规则建构起来的语言,这些规则有助于形成各种产生特定话语的实践活动"①。在不同的学科领域,不同的研究者因不同的研究立意给予"话语"不同的诠释。

语言学家把"话语"看作是超句单位的序列,社会学家把"话语"看成是不同群体的行为方式在语言层面上的反映②。在后现代主义思想家那里③,对话语的分析和研究已经超出了语言学的范畴。福柯(Michel Foucault)认为,"话语(产生过程)意味着一个社会团体依据某些成规将其意义传播于社会之中,以此确立其社会地位,并为其他团体所认识的过程"④。话语与语言、言语不同,我们可以把话语看成是"人们所说或所写

---

① 孙可平. 理科教育展望[M]. 上海:华东师范大学出版社,2002:56;56.

② 陈汝东. 论话语研究的现状与趋势[J]. 浙江大学学报(人文社会科学版),2008,38(6):130-137.

③ 郑淮,杨昌勇. 论后现代主义对教育研究和理论的主要贡献[J]. 教育学报,2006,2(4):22-25.

④ 王治河. 福柯[M]. 长沙:湖南教育出版社,1999:159.

的话的总称,有关要说什么和不要说什么的一个系统的包容和排除的过程"①。称某种特殊的思维和行为方式为话语,表明意义在某群体中是怎样通过对一些关键词语和行为方式进行或隐或明的相互约定而确立的②。

不同话语观体现了不同的研究内容和理论倾向。话语分析(discourse analysis)以语言学为向度的,侧重于文本和文本分析。但文本有可能基于上下文、基于解释者而向各种各样的解释开放,这意味着话语的社会意义不可能不考虑文本在社会分配、消解和解释中的模式和变化,而简单地从文本中解读出来③。这种以语言学为向度的话语分析"没有充分重视话语的至关重要的社会因素"④。

以社会为向度的话语观强调话语、话语使用过程的生成、演变与广泛的社会文化联系在一起。从福柯开始,话语被赋予了丰富的社会学意义。

首先,"人们开始应用话语分析来研究话语背后的思想价值体系"⑤。福柯强调话语与社会结构的辩证关系,他认为话语生成于并受制于社会结构。话语有助于社会身份、社会关系以及知识与信仰体系的重构,话语可以引起社会变革,"话语反映了更深层次的社会现实,话语是社会的来源"⑥。话语不仅反映和描述社会实体与社会关系,还建构或"构成"社会实体与社会关系;不同的话语以不同方式构建各种至关重要的社会实

① 孙可平. 理科教育展望[M]. 上海:华东师范大学出版社,2002:56;56.
② [加]大卫·杰弗里·史密斯. 全球化与后现代教育学[M]. 郭洋生译. 北京:教育科学出版社,2000:190.
③ [英]诺曼·菲尔克拉夫. 话语与社会变迁[M]. 殷晓蓉译. 北京:华夏出版社,2003:28;导言:5;导言:3;导言:9;导言:14;59 - 60.
④ [英]诺曼·菲尔克拉夫. 话语与社会变迁[M]. 殷晓蓉译. 北京:华夏出版社,2003:28;导言:5;导言:3;导言:9;导言:14;59 - 60.
⑤ 刘晓红. 话语研究及其在教育学中的渐进[J]. 宁波大学学报(教育科学版),2008,30(1):29 - 33.
⑥ 张红燕,梅高蓓,刘纯. 论话语与社会的辩证关系[J]. 武汉科技学院学报,2005,18(12):227 - 229.

体,并以不同方式将人们置于社会主体地位,话语的这些社会作用成为话语分析关注的焦点。① 这种运用批判的(critical)话语分析的方法,意味着将话语背后"隐蔽着的联系和原因揭示出来"②。批判的话语分析方法之不同于非批判的(non-critical)地方,"不仅在于描绘了话语实践,而且在于解释了话语如何由权力与意识形态关系所构成,揭示了话语对于社会身份、社会关系以及知识和信仰体系的构建性作用"③。

其次话语既是一种表现形式,也是一种行为形式——话语是社会实践(discursive practice)的一种形式,而不是一个纯粹的个体行为或情景变量的一个折射。

话语与社会之间存在着复杂的辩证关系,正如诺曼·菲尔克拉夫(Norman Fairclough)在《话语与社会变迁》中所说的那样:

"在话语和社会结构之间存在着一种辩证的关系……在社会实践和社会结构之间存在着这样的关系,后者既是前者的一个条件,又是前者的一个结果。一方面,在更广泛的意义和所有的层次上,话语是被社会结构所构成的,并受到社会结构的限制,受制于社会层次的阶级和其他关系,受制于诸如法律或教育等特殊机构所特有的关系,受制于分类系统,受制于各种规范和各种习俗。话语有助于社会结构的所有方面——这些方面直接或间接地构成或限制话语——建构:它本身的规范和习俗及其背后关系、身份和机构。话语不仅是表现世界的实践,而且是在意义方面说明世界、组成世界、建构世界。"

总之,话语与社会之间存在着复杂的辩证关系。一方面话语受制于

---

① [英]诺曼·菲尔克拉夫. 话语与社会变迁[M]. 殷晓蓉译. 北京:华夏出版社,2003:28;导言:5;导言:3;导言:9;导言:14;59-60.
② [英]诺曼·菲尔克拉夫. 话语与社会变迁[M]. 殷晓蓉译. 北京:华夏出版社,2003:28;导言:5;导言:3;导言:9;导言:14;59-60.
③ 刘晓红. 话语研究及其在教育学中的渐进[J]. 宁波大学学报(教育科学版),2008,30(1):29-33.

社会结构,如社会的阶级、不同的身份和地位,各种规章制度和习俗等,在不同的情境下要说不同的话语;另一方面话语有助于建构某种东西如社会身份、社会主体的主体地位,各种类型的"自我",人们之间的关系以及各种知识和信仰体系。"话语形成了社会权威,并利用权威使自身成为权威。只有权威话语才能在社会话语场(域)中发言,社会的存在运行离不开话语。"①

§3.2　课程话语与社会理论关系

3.2.1　课程话语的描述

教育作为传递知识、价值的一种行为,必然离不开言语这一活动,必然要借助于语言来完成,而其表现则是各种形式的话语。如书面形式的话语:教材、课程标准中的文字,口头形式的话语:教师讲课或者师生口头对话等。[24]课程话语(curriculum discourse)是一种教育现象,是具体的,蕴藏于课程之中,是课程的一部分。它有别于其他专业或研究领域,并使得课程研究人员"感到自我存在的语言和行为的意义、关系或规范",反映了课程领域以及该职业群体在社会中的地位与专业特性②。

一般而言,课程话语是指"在课程研究领域,通过对特定主题展开的言谈,推论性地形成课程意义的语言"③。当然,这并非是一个精确的关

---

① 刘晓红. 话语研究及其在教育学中的渐进[J]. 宁波大学学报(教育科学版),2008,30 (1):29-33.

② 伍雪辉. 论课程话语的演变及其发展[J]. 华中师范大学研究生学报,2005,12(3): 83-86.

③ Pinar,W. (1999). Contemporary Curriculum Discourse – twenty years of JCT. New York: Peter Lang Publishing Inc. p. XV.

于课程话语的定义,"定义"在后结构主义批判家眼里属于"本质主义"的问题,应避免和抵制;而"话语"恰好又是后结构主义的中心词,因此解释清楚课程话语的概念在学理逻辑上将会出现矛盾。因此我们只能说,课程领域不存在任何脱离"课程话语"的事物或事件。课程话语本身已传递着意义及其关系,且包含了再创意义及其过程,该术语在课程领域具有一种新的描述和创生功能。①

在此,我们只是对课程话语做了描述性的解释,它是课程理论与实践研究者、课程管理者、学生以及相关人员用来表达课程问题的语言方式、语句方式、核心概念或观念,是在课程领域形成的一套专业术语。

一般来说,课程话语具有相对的稳定性、广泛的认可度和影响力,以及可理解性。尽管不同的相关人员具有不同于其他个体的语言表达习惯和方式,但从总体上说,他对课程核心问题的解析,一定会包含具有普遍性的核心概念和语句方式,他会自觉或不自觉地按照某一时期普遍的话语方式来表达课程的核心问题。而且,课程话语一旦形成,便在特定时期内具有一定的影响力,是表达课程核心问题的思维方式,乃至(课程的)价值观念。②

3.2.2 课程话语孕育于社会之中

课程话语属于教育现象。表面上看,课程话语描述或反映的是课程理论与实践,但从根本上讲,课程话语仍然在描述和体现社会问题,课程话语孕育于社会之中,课程话语是一种重要的社会实践。

---

① 伍雪辉.论课程话语的演变及其发展[J].华中师范大学研究生学报,2005,12(3):83-86.

② 伍雪辉.课程话语透析[D].华中师范大学硕士毕业论文,2006:8;8.

48

课程话语深受社会政治、经济、文化、科技发展的影响,在不同的社会状态下,课程话语表现出不同的内容和取向。从宏观层面看,一定社会的政治经济制度决定教育的性质①,表现在教育行政、教育目的、教育机会、教育内容等方面;社会意识形态对教育的影响主要表现为教育都打上一定意识形态的烙印②。政治、经济、意识形态等对学校课程的影响主要通过制度体现出来,学校规定的教育目标与教育计划等作为"制度性话语(institutional discourse)"发挥作用③。制度性课程话语,即在一定背景和时空条件下,承担公共性课程责任的话语,它是由国家教育行政管理者代表国家发出的话语,传达着国家、社会对课程的要求与期望,体现了一种带有强制性的社会政治话语权。制度性话语代表"政策""正统"或"职责"等公共意识及其关系,具有作为纲领或框架的课程功能,具有一定的明晰性、准则性、传递性、强制性、束缚性等特征,如课程计划、课程标准、法令文件等,制度性话语"在一定程度上都是在日常课程活动之外先于实践决定的框架"④。

从课堂层面看,伯恩斯坦(Basil Bernstein)对课堂层面的研究揭示了课程话语的社会来源属性。伯恩斯坦的研究以教学话语为考察重点,透过教学话语自身的社会特质,解释社会结构与权力对课程的影响机制⑤。伯恩斯坦认为课堂话语和教科书话语主要为精致编码(elaborated language code),而不是大众语言编码(public language code),符合社会中、上阶层儿童的语言习惯和话语方式,这导致了学校里中产阶级出身的儿童

① 吴文侃,杨汉清. 比较教育学[M]. 北京:人民教育出版社,2009:616;632.
② 吴文侃,杨汉清. 比较教育学[M]. 北京:人民教育出版社,2009:616;632.
③ 闫引堂. 超越社会建构主义[J]. 教育学报,2011,7(4):54 - 63.
④ 伍雪辉. 论课程话语的演变及其发展[J]. 华中师范大学研究生学报,2005,12(3):83 - 86.
⑤ 闫引堂. 超越社会建构主义[J]. 教育学报,2011,7(4):54 - 63.

成绩要好于下层阶级的儿童①。在学校场域下,教科书编写人员或教师一般都属于社会中、上阶层,其话语形式都属于精致编码。这种来源于社会中、上层阶级的课堂话语形式,不利于下层阶级子女的理解和掌握,进一步影响了儿童的学业。这种课堂语言编码的阶层属性充分说明,社会是课堂话语的来源,课堂话语与社会是密不可分的,课堂话语具有明显的社会属性和功能。

3.2.3　课程话语促进新的社会文化生成

来源于社会之中的课程话语并非"无所作为",它通过对社会人才培养的影响,又会反作用于社会——影响人才培养目标、知识结构和人才质量。通过人才的培养和控制,课程间接地影响社会发展与变迁,影响并生成新的社会结构与文化,不同的课程话语在社会变迁过程中起到相应的反作用。

中国封建社会占统治地位的意识形态是儒家的思想意识,其课程话语基本围绕礼、仁、三纲五常、君权神授、安邦治国等主要核心词汇,体现了课程话语的政治、道德的教化功能。汉代为加强封建统治,文教政策上采取"罢黜百家,独尊儒术"的措施,董仲舒主张"君权神授",以提高君权的权威,巩固封建统一政权。他首创今文经传,建立一套神学的世界观——"天人感应"理论,又明确地树立了"三纲"的道德观念,对中国两千多年来封建社会的政治、学术和教育都产生了重大影响②。

我国近代科学课程话语的发展亦是如此。鸦片战争的大炮打开了古老中国封闭已久的大门,迫于世界潮流的冲击,中国开始引进近代科学。

---

①　陈振中.论课堂社会的话语场域[J].广西师范大学学报(哲学社会科学版),2004,40(2):100-105.

②　吴永军.课程社会学[M].南京:南京师范大学出版社,2001:12-13.

但在引进过程中,学到的或引入的往往是一些具体的科学成果,主要是科学技术知识和设备,而没有汲取蕴含在这些科学成果里面的科学方法和科学精神,更没有用这些科学方法和科学精神对中国的传统文化进行改造。当时的科学课程话语中,更多的是"知识""技术",缺乏了"科学精神""科学本质"等话语,这是导致我国当前科学课程仍然忽视科学精神教育的重要原因之一①。

总之,社会与课程话语的关系不是单向的线性作用,而是双向的相互作用:社会是课程话语生成的"动力场",任何课程话语都孕育于社会之中;课程话语又会反作用于社会,影响社会人才培养,生成新的社会结构和文化。两个方面相互作用交织在一起,不断地向前发展、变化、孕育、生成。

§3.3　课程话语与社会理论模型建构

课程话语与社会之间的关系是辩证的:从共时性角度看,课程话语与社会存在着相互作用,课程话语生成于一定的社会基础,社会是其孕育、生成与嬗变的"动力场";从历时性角度看,课程话语通过对人才培养的控制,进一步对社会产生反作用,前一时期的课程话语影响到后一时期社会的人才培养,并进而再次影响到课程话语的生成与变迁,不断循环。两者理论关系如图 3 - 3 - 1 所示。

---

① 涂艳国. 科学教育与自由教育［M］. 合肥:安徽教育出版社,2007:116.

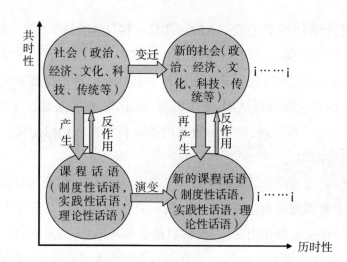

图 3 - 3 - 1　课程话语与社会关系模型图

从上图 3 - 3 - 1《课程话语与社会理论关系模型》来看,我们可以总结出的是这种关系模型仅仅是一种关于课程话语与社会关系的生成与解释模型,并非是简单的线性因果关系。

首先,课程话语并非是随着社会历史的发展而总是进步的,亦可能出现倒退的情况。例如,"文革"期间的课程话语明显地受到政治意识等社会因素的影响,某些方面的课程话语脱离了课程的本真,出现了明显的倒退;我国近代以来的制度性课程话语中,"课程标准"与"教学大纲"所经历的就是一种"否定—终止—肯定—沿用"式的循环,并非简单的演进关系。

其次,教育具有继承性,课程话语亦然。课程话语也不可能随政治时期的改变而明显地变迁,后一个时期的课程话语可能是前一个时期的延续,不会是对前一时期的全部否定,政治时期只是考察课程话语生成的一个方面,而不应是全部依据。

再次,社会对课程话语生成的影响以及课程话语对社会的影响是隐性的,并不会明显地在短期内表现出来,但通过"谱系学(genealogy)"的研究方法,在一段相对较长的历史时期内,通过"批判"的话语分析,可以考察出两者之间的微妙关系。

最后,课程话语属于社会实践,是社会实践的一种特殊方式,并非独立于或并列于社会之外,课程话语建构或构成社会结构。

§3.4　课程话语社会向度研究意义

3.4.1　丰富理论体系,消解理论与实践的裂痕

考察或研究课程话语不仅仅在于理解话语的"字面意义",还必须依据当时的语境(context)推导出话语的"言外之意",即话语背后的社会权力运作,社会"语境对话语意义的恰当表达和准确理解起着重要的作用"①。

以社会为向度的课程话语理论进入到课程领域,为课程研究领域注入了新的研究活力,打开了新的研究视角,开拓出崭新的研究空间,为反思和审视课程与社会研究的历史填补许多空白;同时有助于消解课程理论研究与教师实践、课程话语与社会之间的裂痕,使课程与社会关系的研究成为一种以话语为媒介的意义与关系重建的实践过程,将课程与社会的研究视为一种作为话语实践之构成、反思、审议课程与社会现象或问题的探究过程②。

3.4.2　完善社会文化学理论建构,为体系规划提供依据

从历时性角度看,课程话语始终存在着变异、变化和斗争,即各种实践之间的变化。社会向度的课程话语分析应当以历史为线索,以具体学

①　索振羽. 语用学教程[M]. 北京:北京大学出版社,2007:17.
②　伍雪辉. 课程话语透析[D]. 华中师范大学硕士毕业论文,2006:8.

科为载体,分析在不同阶段、不同时期课程话语主题、类型及其生成、嬗变的社会动力场。通过课程话语考察,探析其发展、演变、传播背后的深层社会动因,明确课程话语生成的机制与原理。社会的意识形态、经济发展、科技发展、本土文化特点、外国教育思想传入等社会因素都是课程话语嬗变密切相关的重要变量。研究这些变量对课程话语所产生的直接或间接作用,完成话语与社会关系的理论建构,为进一步预测新的时期、新的社会形势下课程发展趋势奠定基础,为课程规划和设计提供依据。

3.4.3 文化社会学为艺术管理体系奠定基础

课程话语研究是多维度的,而其社会之维研究的意义,不仅有理论的,更有实践的。课程话语与社会在孕育、生成的相互作用过程中必定会表现出一定的规律性,通过对这些规律的借鉴与反思,更好地指导课程改革与实践,使教育的实践结构化,使教育的目的与主题合理化。课程话语与社会相结合的研究方法,是课程社会学、课程知识"谱系学"的重要方法和工具,是课程研究的新范式,必将为课程理论与实践研究提供更广阔的平台。

总而言之,在一定教学思想或教学理论指导下建立起来的较为稳定的教学活动结构框架和活动程序。作为结构框架,突出了各要素之间内部的关系和功能;作为活动程序,则突出了有序性和可操作性。在文化艺术管理结构体系中,科学、公正、合理地运用文化社会学的教育理论,不仅能够体现艺术教学本身极富个性、情感性、创造性的特点,为艺术管理学科的教学创新开辟空间,更是张扬学生和教师的主体性,激发教学的自主性、能动性与创造性,为新形势下的艺术管理结构体系建设的规范提供重要途径和解决的方法。

真正的艺术管理,是"服务"于艺术的工作,不是"管理"艺术的工作。艺术管理者不是艺术表演的传播者,而是赋予艺术"内涵"的思想者。艺术管理者应成为当今社会中艺术传播方向的"引导者"。

第四章

文化社会学中制度性课程体系

与文化产业作为一个新兴业态一样,相对于文化艺术管理也是21 世纪以来我国一个新兴专业领域。由此,作为一个新兴的专业领域,也使得我们不得不从学科归属来深入地研究。称其为一个新兴领域的因由是文化艺术管理应当作为管理类的一个特殊学科看待,而且必须作为一个独立的一个一级学科存在。艺术学的另立门户不得不使我们可以预见到文化艺术产业管理学作为管理类特殊学科诞生之日,究其特殊之由是其具有许多区别于其他管理学领域内容要求。

一般说来,作为文化产业管理中重要内容的文化艺术管理就其知识体系中应当包括如下几个部分①:

其一是基础性的学科,如发展经济学、产业经济学、文化概论、伦理学、美学 、中外文化史、比较文化研究、大众文化、信息技术与文化传播、文化政策、艺术事业与艺术赞助、广告学、传播学、市场营销等。

其二是管理类的学科,包括文化产业通论、娱乐经纪、文化企业发展战略、文化产业人力资源、文化市场营销、文化产业商业模式、艺术管理、

---

① 陈少峰,北京大学文化产业研究院副院长.张立波编著的《文化产业项目策划与管理》[M],撰写的序言,北京大学出版社,2013:3.

文化品牌管理、文化产业项目运作、文化产业投融资管理等。

其三是专题研究与实务的新兴学科,如艺术授权、产业链经营方法、文化产业项目策划、文化产业发展规划、城市形象与城市营销、多媒体技术与艺术、非物质文化遗产、主题公园经营、青少年文化娱乐、体育产业、创意设计理念与设计产业、网络视频产业、故事写作、民间文化与工艺、文化产业聚集园管理、国际文化产业比较研究、文化产业案例研究等。

从以上的列举中我们不难看出的是文化产业管理不仅具有多义性和跨学科特点的同时,又与管理学科和传媒、文化艺术管理有着众多的关联。但究其本质上还应是管理学中的一个分支,而其第一层面中间接的文化政策、艺术事业与艺术赞助,以及第二层面中直接的艺术管理,文化政策、艺术事业与艺术赞助等都可以看作是文化艺术管理结构体系中制度性课程的具体表象。

因此就文化艺术管理体系结构中首先应当关注的是制度性课程体系建立。制度性课程体系结构是指在学校课程领域内起到规范、型塑、约束人与课程发展作用的课程话语,是课程理论与实践研究者、课程管理者以及相关人员用来表达课程问题的语句、核心概念或观念。制度性课程话语具有不同程度的强制性和社会性的特点。制度性课程话语研究的意义在于明确不同时期课程发展状况,理解课程话语的生成机制,预测课程发展的趋势并指导课程实践。

§4.1　制度性课程话语研究引论

教育通过言语(parole)活动来传递知识和价值,在这一行为过程中必然要借助于语言(language)来完成,表现为各种形式的话语(discourse),如静态的话语:课程发展纲要、课程标准(教学大纲)、教科书等中的文字,动态的话语:教师课堂教学或者师生口头对话等①。在课程领域形成的话语,我们称之为课程话语(curriculum discourse),它是课程的重要组成部分,是课程理论研究者、课程管理者、教师、学生以及相关人员表达课程问题的核心概念、语句等,是在课程领域形成的专业术语②。课程话语与课程理论不同,课程话语具有丰富的后现代意蕴,相对而言,课程话语是具体的、现象的、隐喻的、不在场的、价值负载的、当下的和非线性的③。课程话语可以分为理论(思想)层面的课程话语、制度层面的课程话语和实践层面的课程话语。制度层面的课程话语,我们称之为制度性课程话语(institutional curriculum discourse),它是课程理论与实践两个层面相互作用的产物、中介和目标。"在制度层面上,课程话语主要用于界定学校课程或使学校课程典型化④。"

　　制度性课程话语是我们把握和理解课程的重要切入点,从制度层面研究课程话语有着重要的历史与现实意义。然而,制度性课程话语到底是一个怎样的概念? 有何特性? 如何开展研究? 其研究有何意义? 对这一系列问题的回答将构成制度性课程话语研究的基础,亦是我们用以研究文化艺术管理结构课程体系的思路和框架。

---

① 刘晓红. 话语研究及其在教育学中的渐进[J]. 宁波大学学报(教育科学版),2008,30
(1):29–33.

② 刘茂军,孟凡杰. 孕育与生成:课程话语与社会的理论探析[J]. 教育理论与实践,
2012,32(22):53–56.

③ 谭斌. 教育学话语现象的文化分析:兼论中国当前教育学话语的转换[M]. 北京:首
都师范大学出版社,2006:72.

④ [美]威廉 F. 派纳等著,钟启泉,张华主编. 理解课程[M]. 北京:教育科学出版社,
2003:685;121.

§4.2 制度性课程话语界说

制度是由人们创造出来的,也可以随着时间的推移演化而来。制度是社会的博弈规则和社会运行方式的规定,是人为设计的、型塑与规范人们互动关系的约束①,是社会上通行的或者被社会成员普遍采纳的一系列行为规则体系,用于调节人与人之间的关系,对人的行为进行约束和激励。制度既包括法律、规章等正式制度,也包括道德、习俗等非正式制度。

制度性课程话语是指在学校课程领域内起到规范、型塑、约束人与课程发展作用的课程话语,包括一系列规章、制度、道德、习惯的语句、核心概念等课程专业术语②,主要蕴藏在宪法、教育法令、课程纲要、课程计划、目标、习俗、惯例等之中,是具有约束和规范性的课程语言、语句。制度性课程话语代表着课程领域的"政策""职责""权力"等公共意识及其关系,具有一定的准则性、强制性、约束性、权威性等特征,制度性课程话语是先于课程实践起规范作用的框架③。其中,规章、制度等具有很强的约束性和规范性,是显性的、强制的、正式的(formal);道德、习惯等则是隐藏在习俗与文化之中,是隐性的、潜在的、非正式的(informal)。制度性课程话语通过两者间复杂的相互作用而发挥作用。我们主要考察的是正式的制度性课程话语。

---

① [美]道格拉斯·C.诺斯著.制度、制度变迁与经济绩效[M].杭行译.上海:格致出版社,上海三联书店,上海人民出版社,2008:4.

② 曹淑江.课程制度和课程组织的经济学分析[M].北京:北京师范大学出版社,2004:12.

③ 伍雪辉.论课程话语的演变及其发展[J].华中师范大学研究生学报,2005,12(3):83-86.

制度性课程话语按照其功能和规范范围,可分为宪法(教育法)、法令(纲要)和课程标准(教学大纲)三个层面。宪法(教育法)层面的课程话语是课程发展的最高要求和规范,有着最高的法律地位;法令(纲要)层面的课程话语是国家对课程发展宗旨的解读,并根据当下社会发展而制定的课程发展的具体内容与导向;课程标准(教学大纲)层面的课程话语直接关系着课程实践,对教科书、课程实践与改革有直接的指导价值。制度性课程话语构成了多层次的话语空间,"各自的话语提供独自的修辞,起着有意义地构成并控制课堂经验的作用①"。因此说,制度性课程话语是学校的"文法"和"章程",通过多样的制度性话语各自修辞,课堂成为"构成、制约、控制每一个人的经验场所②"。但是,这些制度性课程话语并不直接构成个人经验内涵③,课堂也是每一个课程主体(师生)选择性地行使多维度的制度性话语、实践"个人话语"的场所;探讨学习经验(履历)的课程研究也可以说是探讨多维度的制度性话语研究——在相叠的课堂中作为"个人话语"的课程经验,通过课堂教学所创造的过程与结构研究④。

课程制度与制度性课程话语含义相差甚远。简言之,前者指课程领域内的规则、规范,具有一定的权威性和强制性⑤,是对课程行动者起规范作用的一系列规则体系;后者则表达了课程领域内制度层面的现象和问题,重心是课程话语,是在课程领域内起制度性作用的陈述、语句、核心概念、关键指示词语等。前者主要考察其思想与理论;后者则重在考察话语,研究话语的结构、生成、演变的运作和规律,并指导当前的课程建设。

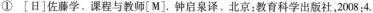

① [日]佐藤学. 课程与教师[M]. 钟启泉译. 北京:教育科学出版社,2008:4.
② [日]佐藤学. 课程与教师[M]. 钟启泉译. 北京:教育科学出版社,2008:4.
③ [日]佐藤学. 课程与教师[M]. 钟启泉译. 北京:教育科学出版社,2008:4.
④ [日]佐藤学. 课程与教师[M]. 钟启泉译. 北京:教育科学出版社,2008:4.
⑤ 李江源. 教育制度:概念的厘定[J]. 河北师范大学学报(教育科学版),2003,5(1):20-31.

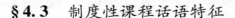

§4.3 制度性课程话语特征

4.3.1 约束并规定课程的宗旨与行为——强制性

制度性课程话语用来规范课程的宗旨,用以指导课程建设和实践,是教育行政管理者代表国家发出的权势话语①,具有较强的社会话语权性。其功能在于告诉人们课程行为约束的基本信息,即在课程领域什么能做,什么不能做,该怎么做,不该怎么做。制度性课程话语对人们的教育行为进行约束或限制,也就等于告诉了人们有关课程发展的信息,借助制度课程话语提供的信息,人们可以确定自己的教育行动,同时还可以预期他人的教育行动②。

不同层面的制度性课程话语具有程度不同的权威性或强制性。其中,教育法律中的话语具有最高的权威性,它不仅要求相关法律规范之内的人们服从和执行,而且对于违反和破坏相关话语规定的行为实施制裁,从而将人们的教育行为限定在法律话语的范围之内,确保教育宗旨的权威性和教育政策的落实。国家宪法中的课程话语具有最强的法律约束性,是所有课程管理和相关人员必须遵守的最高要求,代表着国家的意志,是国家强制性的法律性话语。而课程标准(教学大纲)中的话语主要用来指导教科书建设、课程理念、课程实施等具体环节,其法律权威性和强制性相对较弱。

---

① 伍雪辉. 论课程话语的演变及其发展[J]. 华中师范大学研究生学报,2005,12(3):83－86.

② 李江源. 教育制度:概念的厘定[J]. 河北师范大学学报(教育科学版),2003,5(1):20－31.

在 1947 年《中华民国宪法》第五节"教育文化专节"部分中，共有九条规定，它是各类教育组织和教育法令必须遵守的最高规定话语。其中第一五八条为："教育文化，应发展国民之民族精神、自治精神、国民道德、健全体格、科学及生活智能①。"这一话语是当时教育的基本宗旨，体现了当时国家和民族对教育的期望和要求，带有强制的约束性，是教育发展的纲领性规定，带有很强的强制性和法律效力。

4.3.2 孕育于社会并生成新的社会文化——社会性

福柯（Michel Foucault）认为话语与社会结构之间存在孕育与生成的辩证关系，即话语孕育于社会结构，话语又促进新的社会结构的生成。自福柯话语研究以降，话语突破了语用学与语义学层面的意义而具有了更加丰富的社会学意义，研究者们开始应用话语分析（discourse analysis）的方法来研究话语及其背后的价值体系②。正如诺曼·费尔克拉夫（Norman Fairclough）在《话语与社会变迁》中对福柯的话语研究所做的评述，话语具有双重性：话语在反映和描述社会（实体）关系的同时，还对社会（实体）关系起到建构的作用③。

制度性课程话语的社会性体现在两个方面。首先，话语孕育于社会之中。在不同的社会制度下，制度性课程话语表现出不同的内涵和取向，与社会的政治、经济、文化体制息息相关。西方与中国的社会背景相差甚远，制度性话语亦大相径庭；即使在中国，民国时期的制度性课程话语与清末、新中国之间存在很大的差别；新中国之后的六十多年里，由于政治经济制度发生了很大的变化，制度性课程话语也发生了翻天覆地的变化。

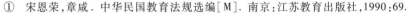

① 宋恩荣，章咸. 中华民国教育法规选编［M］. 南京：江苏教育出版社，1990：69.

② 刘晓红. 话语研究及其在教育学中的渐进［J］. 宁波大学学报（教育科学版），2008，30（1）：29－33.

③ ［英］诺曼·菲尔克拉夫. 话语与社会变迁［M］. 殷晓蓉译. 北京：华夏出版社，2003：导言3；导言14.

归根结底,每一地域、每一时期的制度性课程话语都是社会政治经济制度的体现。

其次,话语促进新的社会文化与结构的生成。制度性课程话语对社会的反作用表现为它体现了国家对人才培养的总体期望和要求,对人才培养的目标、知识与能力结构等都提出了明确的规范和要求,通过对受教育者的要求和控制来影响社会的发展,并最终生成新的社会文化与结构。

以物理课程为例,在1904年的《奏定中学堂章程》中,仅在第四节中的第九点对物理及化学课程及教法进行了说明,并在目标中出现了"……以备他日讲求农、工、商实业及理财之源"[1]这样的话语,明显体现了当时物理课程设置的"实用主义"倾向,体现了当时社会对"实业"的强烈需求——社会民生凋敝、工业落后,急需改善民生、发展"实业";同时也导致了对物理课程甚至科学课程的片面理解和追求——仅限于技术和实用方面,而忽视了科学精神、科学方法、科学文化等方面。这是导致我国当前科学课程仍然忽视科学精神教育的重要原因之一[2]。

---

① 课程教材研究所编.20世纪中国中小学课程标准·教学大纲汇编(物理卷)[M].2001:1.

② 涂艳国.科学教育与自由教育[M].合肥:安徽教育出版社,2007:116.

§4.4 制度性课程研究方法与意蕴

4.4.1 在历时性中解读话语意义——史学方法论

正如解构主义者们所强调的：话语、意义和解读是历时性的，只有将话语置于具体的历史场域中才能解读其意义，历史和意义不是由任何连续性原则构成的，而是相反，它们在断裂与非连续性之上重新结合，历史是给予过去经验的公认意义①。对于制度性课程话语而言，这种"公认意义"的价值在于话语意义的历史性和场域性。

制度性课程话语是在特定的历史文化背景中生成的，受历史时空和历史场域影响，是政治、文化、经济力量角逐与博弈的集中体现。同时，这些话语在渐进或突变的历史形态下不断地被取代和嬗变，不断地向前发展和演进，最终形成当下的主流话语。制度性课程话语的研究过程离不开对历史的考察，其意义蕴含在特定的历史场域之中，包含了课程领域历史上的各种因素，理解制度性话语的历史发展与演变，"有助于理解已经界定我们专业生活和个人生活的传统"②。离开了历史场域的话语研究将很难深入到话语背后去探寻其意义和价值。

例如，在1916年《国民学校令施行细则》中的"读经要旨"部分提到，"使儿童熏陶与圣贤之正理"的话语③，以及《特定学务纲要》中提到七项教育要旨中的"法孔孟"等话语就有着复杂的历史背景。儒家思想是我

---

① 伍雪辉．课程话语透析[D]．华中师范大学硕士毕业论文，2006：9．

② [美]威廉・F．派纳等著，钟启泉，张华主编．理解课程[M]．北京：教育科学出版社，2003：685；121．

③ 课程教材研究所编．20实际中国中小学课程标准·教学大纲汇编（课程（教学）计划卷）[M]．北京：人民教育出版社，2001：87．

国封建教育过程中最厚重的历史积淀,"法孔孟"是封建社会施行其统治的重要教育措施,资产阶级革命的胜利对之进行了彻底的否定和摒弃。然而,1915 年的袁世凯复辟,彻底推翻了以蔡元培为首主持制定的资产阶级民主主义的教育宗旨,袁世凯为了实现自己的帝王统治,加强学校的封建性和等级性,重新将之搬上"大雅之堂"。如果不从这一历史背景来考察,就很难有效地解读出"读经要旨"与"法孔孟"这些话语的真实意义。

沿着历史脉络探寻特定话语的变迁,将特定的制度性课程话语放在变动中的历史社会背景中考察,可以作为一条有效路径指引我们实现对话语生成机制的理解,探究特定话语的历史场域和意义。我国当前的课程话语研究较多地停留在共时性的状态下,停留在静态文本的分析上,忽略了话语生成与演变的历史背景,忽略了话语意义的历史性。在扎实的文本分析与研究的基础上进行历史性的分析,基于话语历史变迁的考察来揭示课程场域中的力量纠葛与话语的生成机制不失为一种有意义的尝试。

4.4.2　考察课程发展的重要方式

在课程的历史发展过程中,制度性课程话语是不同时期课程在制度层面发展与演变的"文本"与"见证",在不同语境下有不同的"指示词语",体现了课程发展的不同阶段与兴奋点。某一时期的制度性课程话语有着明显的倾向与特点,而在较长的历史时期中又会发生明显的变迁。制度性课程话语的特点与变迁不是凭空产生的,是在特定的政治、经济、文化、教育以及科学发展状况下逐渐发展演变而来,是当时社会制度、结构与文化在课程领域的反映与写照,与社会息息相关。通过对制度性课程话语的考察与研究,可以厘清不同历史、社会条件下课程发展的脉络,明晰课程发展的理论与实践,是深入考察不同时期课程发展的重要方式。

4.4.3　分析话语的生成机制

制度性课程话语的生成不是教育管理部门或人员的纯粹主观行为，而是与社会政治、经济、文化等的发展紧密相关，制度的制定者们和言说者不过是社会的代言人。影响制度性课程话语生成的因素包括政治体制、科技发展、社会需求、本土文化、外国教育思想和制度等，其生成过程存在于一个超越教育领域更大的社会场域之中。通过制度性课程话语的考察和分析，探究其生成与演变的机制和社会动因，发现其背后的话语规则，了解其背后支配着言语行为的那套话语系统以及相关的话语构成规则和机制，可以为进一步预测新的社会形势下课程发展的趋势奠定基础，为课程规划和实践提供依据。

4.4.4　预测课程未来发展的趋势

社会的发展体现在政治、经济、科技与文化等方面，这些新的趋势必将引起相应的制度性课程话语的嬗变与生成。我们通过对制度性课程话语生成机制的规律性认识，可以有效地分析出新的社会形势下课程话语发展的趋势，理性地指导我国的课程建设向符合社会发展规律的方向发展，为我国课程理论研究、课程改革与规划、教科书建设等提供理论方向和实践指导，为课程设计和研制奠定基础。

总之，制度性课程话语是课程话语研究的一个重要层面，具有重要的理论意义和实践价值。通过对制度性课程话语在演化、生成、断裂、变迁的历史过程中的规律性的认识、反思与借鉴，可以更好地明晰课程发展的脉络，分析课程发展中的各种"力量"和发展规律，为我国当前的课程改革与实践提供指导，促使课程话语向适切的方向发展，推动课程改革与实践的合理化。

第五章

文化社会学视域下艺术管理结构体系

人类的艺术活动已有数十万年的历史,文化艺术管理是诞生于20世纪60年代的一门新兴学科,同时又是近现代一门交叉性很强的学科,它包括音乐、舞蹈、戏剧、影视、美术、文学、建筑等多类别的学术和知识。随着社会的发展、文化市场及管理手段的多样化、信息化、柔性化的多方面变换,当代文化艺术管理的理论性和应用性,也因此面临着新的挑战与机遇。

文化艺术管理属于一门交缘领域,既有艺术的属性,又有管理科学的内涵;既是一门课程、一个专业,又是一个学科。在新的世纪,伴随着社会的发展与高等教育的改革,艺术管理这个新兴学科的重要性日益凸现。尽管这一学科体系还很不成熟,还很不成体系,甚至连其隶属范畴都存在争议,但其迅猛的发展势头却并没有被阻碍。面对这一新兴学科发展中出现的新问题、新情况,我们必须树立全新的艺术教育理念,完善艺术管理学科教学改革,积极探索艺术管理教育的有效途径,全面提高教育工作质量。构建一个合理有序的艺术管理学科教学质量管理体系是一个亟待研究的课题。

§5.1 重塑文化艺术管理学科建设概念

近些年艺术管理的发展,都没有真正担当起计划、组织、引导、协调和监控责任。而造成这些问题直接因素是培育这些人才的高校。作为高等院校,是人才培养重要基地,面对文化艺术产业带来的机遇和挑战,纷纷进行相关学科设置和专业改革,在艺术管理学科进行的建构的调合,不管是否与其学科有关,师资队伍是否跟得上,都是不停地开办和设置,结果造成了参差不齐,如缺乏艺术管理的优秀教材、案例汇编等因素,也直接暴露高校艺术管理专业课程建设存在的问题,也让高校艺术管理学课建设的发展趋势进入两难状态中。

特别是什么是艺术管理,是人文学科还是社会学科,一直都是让人处在不清不楚的行列当中。对艺术院校的学者们来说,更多倾向于人文学科,强调该学科的精神性、艺术性,强调艺术的神圣和崇高。但从管理学来讲,认为首先是"管理",然后才是"艺术"。也可以说它是关于对艺术如何进行管理的学问,但并不是仅仅将艺术和管理融合这么简单,这是一个讲究空间和思维的专业。虽然它不是纯粹地为管理而管理,但仍然要通过计划、协调、控制等来实现对艺术行业的最优化组织,让艺术管理的重心从艺术创作转移到文化生产、艺术消费方面。而这是艺术管理的学科和艺术相结合支持点,这也让众多专业院校和普通院校不明确该专业的外延到底有多少,诸如现在影视名星的经纪人、画廊的文化经纪人等专业也应归入艺术管理专业的范畴。不仅缺乏系统性和理性分析,而且极容易造成对艺术管理学概念和认识不清,因此,重塑对艺术管理学科建设的概念势在必行。特别是其外延与内涵的建立与完善,同时应强调的是充分了解到现今国家文化艺术产业的时代发展脉络与走向。

§5.2 精准文化艺术管理学科内容定位

当今的艺术管理学科在我国各高等院校如雨后春笋般建立起之时，若细究起来，艺术管理专业设在哪所学院并不重要，重要的是要明白文化艺术产业作为文化产业的门类之一，其地位是十分重要的。这种文化产业的分类法现在也带有相应的普遍性，让学院或大学优势和资源能否通过艺术管理学科体现出其倾向性特点，各项学科建设是否针对当今国际及国家政策走向，目标是否明确，培养的学生市场定位是否有根据就显得尤为重要。因此其现今的文化艺术管理专业的侧重点也就应该各有不同。

文化艺术管理专业在课程设计上能否兼顾各校自身的学科体系设立学院的具体条件，能否在明确学科类型或倾向并做出比较准确的定位也因此就势在必行。

大多数高校艺术管理专业所开设课程没有经过科学论证，缺乏合理性。譬如设在教育学院，可以侧重艺术管理的社会教育性；设在艺术学院，可以强调艺术方面的专业性；设在商学院，可以侧重艺术管理的商业经营；设在公共管理学院，可以强调艺术管理的政策面和公共服务性等。这样就事必造成课程没有统一，教材没有特点，专业课程设置没有统一标准，更没有根据自己学校的特点开设相关艺术管理开设课程的弊端。

"重点的交叉性学科"如何发展，如何完善这个学科的建设，是不会根据自己的学校情况去制订的计划和要求，文化艺术管理对中国的高等教育来说是一个较新的学科领域，怎样让这个学科发挥它的重要性，让学生在毕业后能把文化艺术管理这个专业所学所用发挥到时代发展的文化产业中做出贡献，这将是未来高校文化艺术管理人才培养中的素质和质量评价的重要参数。

高等院校作为学术研究性机构,首先应该强化艺术管理学课建设理论创新性,充分依据特色的艺术本体,认识一个文化艺术管理者培养过程中涉猎的艺术本质一定要有深刻的理解与领悟,甚至必须有自己的主张与看法,才能对所管理对象施展管理之法,产生艺术效应和经济效应。特别是在理论与实践相结合教学环节的转化上,不仅要注重对其艺术专业基本技能的培养,更要注重培养文化艺术管理人才多方面的能力,提升其艺术素养的混合力,具备综合性的文化艺术管理人才要求。因为文化艺术管理人才一定要深入理解艺术市场所发生的嬗变,并对艺术市场做出很好的预测和适应。只有这样,才能在艺术上和在市场竞争上获得双重的胜利。

由于艺术管理不是简单的艺术加管理,必须突出艺术本身的特点,同时还必须突出社会的要求。这也是为什么要定位准确的原因,攻破这个难点,是这一新兴学科的建构体制与机制建立过程中的第一步。

文化艺术管理的确定性和艺术审美选择的情感性,艺术作品的意识形态性和民族宗教性,艺术消费者的参与性和艺术创作过程的互动性,还必须重视艺术与传媒之间的互渗性——现今飞速发展的"数字内容产业",更好地在繁荣发展文化,推动文化与经济、政治、社会的协调发展真正地起到文化艺术管理者所应有的不可替代的作用,完备文化艺术管理人才的知识结构与职业发展的能力。特别是在如何运用媒体技术作为特色教学手段,把新兴的科技与艺术鉴赏学、经济学、市场营销学、心理学、统计学、会计学等诸门学科相结合,将艺术策划、艺术传播、艺术营销等主要教学研究内容切实应用到现代教学中来是现今我国当代文化艺术管理体系建设过程中的重要一环。

而目前,艺术管理信息化、艺术宏观管理科学化、法制化,专业课程设置,合理的艺术管理课程体系等等,这些就需要我们围绕着文化产业管理概论、艺术概论、现代管理学、文化市场学、市场营销、法律等课程体系的

第一编　文化社会学

同时,应具有较强的针对性,做到了"同而不同",从某种意义上来说,对避免因专业的重复设置而造成的人才重复培养有借鉴意义。

§5.3 完善文化艺术管理学科建设途径

文化艺术管理的学习要求学生具备现代管理理论,艺术管理的技术与方法,以及应用这些知识的能力,培养面向未来、面向世界、具有良好的艺术鉴赏才能、经营头脑、战略眼光、竞争意识、组织才能,这样需要我们不仅及时预测和研究市场所需人才的层次、类别和数量,开辟学科所需的教育资源,同时在信息观念不断更新,在不断吸收国外艺术生产与制作的先进技术、艺术管理经验和营销方式的过程中,是加速文化艺术管理信息化进程的制胜关键。

中国艺术市场超常发展的速度,让许多问题和不足也同一时间出现,没有过强过硬的文化艺术的管理方式方法,必将导致现存艺术管理滞后现象的发生。

文化艺术市场不仅是一种交易的过程,更是一个贯串学术研究、创作及市场运作与艺术批评的平台。可以说文化艺术管理者在其间扮演着极其重要的角色,最基本的是协调艺术创造与商业利益的矛盾,平衡两者之间的关系。因此说文化艺术管理中一个极为重要的问题就是懂得艺术管理制度中相关的法规法则,这样才能在一旦遇到经济危机或外界环境变化的影响,减少一些盲目和不足,而制度问题是硬件更是强性的,这样才能让真正的文化艺术管理上入轨道。不同层次、不同知识结构,懂技术的艺术管理队伍的梯队,更利于国际和国内文艺市场的竞争及艺术管理人才的竞争培养。遵循市场对艺术管理人才的需求规律,创立新机制,学习借鉴国内外成功经验,紧紧抓住吸引、培养、使用等关键环节。

文化艺术管理结构体系研究

由于文化背景不同,宣扬的人生观、价值观和伦理道德,因此对文化艺术渗透起着决定性作用,这也是文化艺术管理中最为迫切和紧急的首要问题。

首先应是思想上的创新。这是文化艺术管理者培养关键问题,也是艺术管理中的意识形态问题。其次是提高对艺术管理敏感力,艺术管理是对现代产业结构、市场观念、消费文化、管理理念以及相应的行为规则的合法性有清晰认识,对艺术管理观念和战略,全方位的组织结构和组织行为,艺术管理规范、方法和管理技术,以至在艺术管理整合上进行系统性的调整。

再次是对艺术管理信息化的全面的认识。利用文化艺术产业资源系统,管理信息系统,建立统一的文艺产品数据库并对信息进行收集和加工,文化艺术宏观管理要做到信息化、人性化、法制化的认识,通过推动、协调、制约实现艺术管理的职能,最大限度地增加经济效益和社会效益。

另外应当加强对文化艺术管理原创人员的个性化创新管理的认识。

文化艺术管理要把人力资源管理放在重要位置,发挥其特有的作用。通过他们让人民在艺术管理有认同感,产生强烈的艺术文化氛围,使他们能够充分发挥自己的专长,为社会发展做出自己的贡献。

我国现今文化艺术管理急需寻找一个平衡点,既能充分发挥艺术从业人员的积极性与创造性,尊重他们的个性、创作习惯,最大限度地调动其能动性、创造性。同时需要对文化艺术管理应当柔性化认识及艺术人力资源管理的柔性化。因为文化艺术管理作为一种为人们精神服务的形式存在,但其人文精神的主题却是永恒的。随着我国经济建设的突飞猛进,后一个十年及在即将到来的"十三五"的发展规划中,应当让人们确信的是中国对文化素质日益提高与认识,合理的构建是培养综合文化艺术管理人才的基础,而文化艺术管理是保证国家文化艺术建设的一个基本常态,同时又兼具了方向的多样性。

而新的时代必有新的气象,正如上海交通大学国家文化产业创新与发展研究基地办公室主任、人文学院文化管理系教授胡惠林所言:"**中国文化产业的成长性需求,决定了中国文化产业发展实践的战略需求,历史地规定了中国文化产业研究不可能走西方文化产业研究的发展道路。**"

§5.4 确立文化艺术管理学科建设方向

要使高校艺术管理学科教学质量管理体系正常运转,就必须建立一套完善的组织保障体系和严格的规章制度与体系。成立与质量管理体系相适应的组织机构,通过这一机构,可统一组织和协调整个质量管理体系的活动,对各部分的质量工作进行检查、监督,统一组织质量信息的传递和反馈。

严格的规章制度,是文化艺术管理教学质量管理体系中不可缺少的部分。要在岗位责任制的基础上规定各部门各岗位在保证教育质量方面所应承担的职责和权限,实行质量责任制。建立质量责任制,应把质量管理的任务和要求具体落实到每个部门和每个工作岗位,做到责权分明。

因为文化艺术管理是艺术组织或个人结合商业管理、经济原则和沟通技巧来促进艺术各个方面的发展方法与手段,是管理、经济和审美目标等关系的互动,是艺术组织的管理方法和技巧,实行组织、计划、领导和控制,以运用有限的人力、物力、财力等取得最有效的管理效益的一种管理行为,高校才更明确自己培养人才的目标与方向,学生也更加明白学有所用,让用人单位真正接纳贤才,达到社会服务职能与市场需求的契合度,推进该新兴学科更科学、合理化的向前发展。而文化艺术管理实践活动,则是使一切关乎于艺术的、文化的、经济的、管理的要素行动起来,相互渗透,相互包含,成为正在发生的实践活动动力所在。

文化艺术管理学所要研究的范围是很广的,它要研究艺术管理中的领导体制、行政法规、价值取向、公共关系与法律等一些人们通常所关心的问题,更要研究艺术生产、艺术供求和艺术销售等原理、原则与方法,还要研究微观领域的发展计划、营销原则、领导风格、组织结构、经济与财务管理、资金筹措等方面。围绕这些课题而产生的管理经验、技巧、知识、理论等,都是艺术管理这门学科所要涉猎的范围。作为一个完整的学科,其体系构成必然是按照其全部知识内在的逻辑联系来展开的,从特定的视角和标准对知识体系进行分类或取舍,所以,艺术管理学科体系的建设必须考虑文化艺术事业与当代经济发展的实际和需要。

文化艺术管理是一种不断发展变化的实践活动,将会不断有新的知识、新的管理方式、新的管理经验,被纳入到艺术管理学的研究范围,从而充实这门学科的理论体系。

因此,不断地发展和建设艺术管理新学科将会是艺术学科领域发展的突破口和重要的新途径,这对于未来我国艺术学领域的发展来说不仅有着较高的现实影响,对不断完善的文化艺术管理的发展体系建立必将有着深远的历史意义。

第二编

02

| 数字内容产业 |

第六章

文化艺术管理结构体系中数字内容产业

文化产业是知识密集、信息密集、技术密集的领域,各种先进的高科技正与高文化整合成高新文化产业形态,数字化、网络化已成为必然发展趋势,许多发达国家都借此壮大自己的文化产业的发展力量。

与文化产业息息相关的文化艺术管理在信息化与全球化的大背景的巨大力量之下,也将面临着如何融合众多产业集群,将各类传统产业资源整合、提升、组合成较为独特的产业链。因此它特别强调将一种新理念注入到传统的产业之中,用以实现市场价值的提升和商业模式的创新,为产业结构的升级注入源源不断的新鲜活力,为实现文化产业最脊髓的深刻寓意——"高创意、高附加值、低污染、低消耗"凸显特征,显示出文化艺术管理结构体系的真正特色:**文化艺术管理体系结构的确立,不仅可以与现代城市产业的高端化、经济低碳化的发展方向相得益彰,而且可以把知识、智力密集的特点,同时能够不受土地、资源的限制而获得快速发展,从而完全彻底地激发出现代城市的创新活力。**

§6.1　共同迎接数字内容产业到来

数字内容产业(Digital Content Industry)自 1995 年西方 7 国信息会议首次提出以来,引起了全球众多机构、研究人员的广泛兴趣和关注。随着发达国家、发达地区及城市的内容产业的兴起和产业链建设的不断完善,内容产业研究与发展的重点也在不断变化。当前内容产业已发展至具体实施与应用阶段,其内涵不断深入到产业供应链与产业发展模式核心,研究层级则不断向产业集群转移。

数字内容产业伴随着信息技术的发展获得了相对独立的发展,随着市场经济体系的完善和各项条款的实施,逐渐脱离了对传统产业的依赖,显示出其应有的产业特性和价值增长潜力。在立体化、多层次的全球数字内容产业发展格局中,中国数字内容产业的竞争优势并不明显。尽管近年来中国数字内容产业获得了快速发展,但数字内容产业的规模和结构存在一定的不足,成长潜力与能力也未充分体现。因此,准确分析和揭示全球数字内容产业的成长历程和特点,探寻和掌握数字内容产业的成长机理及规律,整合各类数字内容资源,对促进中国数字内容产业链的成长,使中国在世界数字内容产业的竞争中占有一席之地成为一项急待解决的重大课题①。

数字内容产业并不是一个全新的产业,它是原有分属不同行业的产业门类的融合,或者说是行业归属的重新划分。美国在 1997 年对其产业分类标准进行了重新调整,用北美产业分类标准 NAICS(North American Industrial Classification Stand)代替使用多年的标准产业分类 SIC(Standard

---

① 罗海蛟.发展数字内容产业是国家级的战略决策[J].中国信息界,2010(3):25-28.

Industrial Classification），其中一项重要的调整就是设立一个全新的"信息产业群"，这个产业群没有包括广义上的计算机，却包括了数据处理业、出版业、信息服务业、电影和音乐、广播和传播业等，这个全新的产业实际上就是数字内容产业，这种分类思想就是对信息产业的全新理解。

信息产业的发展逐渐深化并产生了一个重要分支，信息制造业分解转化为数字内容生产和信息服务业，它提供的数字内容与信息服务方式成为信息产业发展的关键，而"数字内容产业"也是基于此而产生的①。美国 Syracuse University 信息学院发表的《内容—1996》报告中指出，内容产业目前可以分为两类，一类是在线内容产业，即数字内容产业；另一类是像报业、出版业等这样的传统媒体产业，它们都属于潜在的数字内容产业②。数字内容产业是在技术和内容的融合下产生的数字内容，进而形成一个庞大的产业群，为特定的用户群创作、分销数字文本、图片、音频和视频等产品和服务的所有创造价值的业务。

中国在没有使用"内容产业"提法之前，就开始了内容产业的建设。早在 1996 年就启动了"国家数字图书馆"的规划和建设；《中国文化蓝皮书》在 2002 年至 2003 年两次提出要大力发展"内容产业"；内容产业在业界已经开始进行产业运作模式和规律的探索。目前关于数字内容产业成长机理及发展策略的直接研究并不多见。数字内容产业的成长模式和产业集群的形成机制及内在机理亦不甚明朗，数字内容产业的价值链都在围绕核心或优势信息资源展开，有着非常强的行业渗透性，易于与其他产业融合，形成衍生性产品。同时产业集群的存在能降低生产、交易和运输的成本，共享集群内部的公共设施和服务，增进企业间的信息、知识和业务经验的交流与共享，既细化了专业分工，又创造了规模效应，更重要

---

① 彭祝斌．中国电视内容产业链成长研究［D］．湖南：湖南大学，2008：13－15.
② 雷建军．软化的"媒介"——整合过程中的媒介内涵演变［J］．现代传播，2007（1）：54－56.

的是还能满足跨企业或产业的用户内容需求①。

§6.2　全球语言之数字内容产业

随着 3G 与 4G 时代,数字内容产业的发展趋势是移动化和融合化,产业的整体盈利水平将有明显提升。移动互联网成为电信运营商、内容开发商和运营商等各方力量关注的焦点,移动视频将会成为移动互联网的重要应用,因此,电视内容、影音以及动漫内容也都将被整合到移动互联网平台。此外,交互式网络电视(IPTV)和数字电视的商业化进程不断加快,数字电视和 IPTV 的普及在电信运营商的推动下都有了突破性的发展。因此数字内容产业如何发展、如何盈利是摆在我们面前的一个重要研究课题。对于有效解决数字内容产业发展相关问题,促进数字内容产业研究理论体系建设具有重要的理论意义,同时对于数字内容产业研究有助于推进情报学应用领域新的学科生长点的拓展。

"入世"之后的新规则使我国传统的产业运行体制和经营理念都面临着强大的挑战和冲击,与数字内容相关的产品和服务将逐步实现对外开放,中国的数字内容产业面临着更为激烈的市场兑竞争,而我国数字内容产业无论在规模、资金、人才、环境和管理等方面,还是在相关内容产品的数量与质量上都无法与国外数字内容产业相抗衡。中国数字内容产业要在竞争中求得生存和发展,必须要在新的竞争环境下,充分掌握全球数字内容产业的发展态势,谋求数字内容产业链的全面发展,找出解决问题的途径和办法。依据信息资源管理、信息产业运行机制、产业集群、产业链、价值链等理论,在分析全球数字内容产业成长现状、机理、环境、对策

---

① 李晓鹏,孙建军. 现代内容产业及其产业模式探析[J]. 情报资料工作,2008(3):9 – 13.

的基础上,针对中国数字内容产业成长中存在的问题提出相应的发展策略,有助于解决并定位我国数字内容产业在未来发展中的问题与方向,有助于促进中国的数字内容产业不断地成长和健康发展。

关于数字内容产业的研究目前主要集中在以下两个方面:数字内容产业的概念与归属研究、数字内容产业链成长研究。虽然对"数字内容产业"的概念和内涵还没有达成一致,但无论是"欧盟计划"、经合组织(经济合作与发展组织 OECD),还是"中国数字内容产业发展研究报告",都对"数字内容产业"的相关概念进行了阐述和论断,对数字内容产业的分类和归属进行了分析和划分。

§6.3 数字内容产业内涵界定

6.3.1 国外数字内容产业的内涵

欧盟(European Union)在《信息社会 2000 计划》(1996)中提出了"数字内容产业(Digital Content Industry)"的概念,内涵概括为"制造、开发、包装和销售信息产品及其服务的产业,其产品范围包括各种媒介的印刷品、电子出版物和音像传播"①。

经合组织(OECD)在 1998 年《作为新增长产业的内容》的专题报告中提出了"内容产业(Content Industry)"的概念,内涵概括为"由主要生产内容的信息和娱乐业所提供的新型服务产业,包括出版、音乐、电影、广播和影视传播等产业部门。"该专题报告进一步把"内容"划分为两类:一类是传统的视听和音乐内容,以"一对多"形式由单一生产者向众多受众传

---

① European Commission. lnof 2000(1996 - 1999),1996.

播;另一类则是综合了数字文本和视听内容等多媒体服务,通过播放器或互联网传送,即新媒体①。

美国软件与信息业协会(U. S. Software and Information Industry Association,SIIA)在 SIIA 网站(2009)里提出了"内容产业"的概念,内涵概括为"将在线内容出版商和提供商、支持信息产品和服务营销与提供的技术和服务提供商都归类为从事内容产业的企业"②。

美国北美行业分类系统(NAICS)(1999)提出了"信息产业"的概念,内涵概括为"特指将信息转变为商品的行业,它不但包括软件、数据库、各种无线电通信服务和有线信息服务,还包括传统的报纸、书刊、电影和音像产品的出版。而计算机、通信设备等硬件制造则被划为制造业的一个分支"③。

澳大利亚在《澳大利亚数字内容行动章程》(2005)中提出了"数字内容产业"的概念,内涵概括为"包括信息通信技术产业的应用与服务两个组成部分,同时也包含了传统的电影、娱乐和文化产业,重点发展创意数字产业"④。

爱尔兰国家政策与咨询委员会在《爱尔兰数字内容产业发展战略》(2002)中提出了"数字内容产业"的概念,内涵概括为"创建、设计、管理和销售数字产品和服务以及为上述活动提供技术支持的产业,是将传统内容产业、媒体业、娱乐业、软件与流媒体、电子硬件和电信等加以综合集

① OECD. Content As a New Growth Inudsy. DSTI/ICCR. IE(98)6F/NIAL,1998.
② Dick Kaser. SIIA's Global Information Industry Summit:Content Industry Considers Business Models. Information Today [EB/OL]. November 2008:52 – 53. [2009.7.20]. www. infotoday. com.
③ 中共上海市建设和交通工作委员会党校特供信息[EB/OL]. [2009 – 7 – 22]http:// www. Um colleg e. com/xxkx/xxkx_text. asp? id = 345 = 345
④ Hsin – Hann Tsai,Hong – Yuh Lee,and Hsiao – Cheng Yu. Developing the Digital Content Industry in Taiwan [EB/OL] .2006:60 – 63. [2009 – 7 – 06]. www. interscience. wiley. com.

成的经济活动领域"①。

英国贸工部(United Kingdom: The Department of Trade and Industry, DTI)在《英国数字内容产业发展行动计划》(2000)中提出了"数字内容产业"的概念,内涵概括为"包括出版业、软件业、网页制作业、图形设计业、游戏业、广播电视业等创意产业"②。

日本经济产业省在《新经济成长战略》(2006)中提出了"内容产业"的概念,内涵概括为"加工制作文字、影像、音乐、游戏等信息素材,通过媒介流通到用户的信息商品,包括瞬间可以接收、消费的信息和历经百年拥有大批读者的文学作品"③。

韩国《韩国2003年信息化白皮书》(2003)中将"数字内容产业"内涵概括为"利用电影、游戏、动漫、唱片、卡通、广播电视等视像媒体或数字媒体等新媒体,进行储存、流通、享有的文化艺术内容的总称"④。

综上可以看出,国外关于数字内容产业的概念和内涵还没有形成共识,不同的国家和组织都从各自的角度对其进行了界定。从涵盖的内容看有一点是得到共识的:都以内容为核心,信息或数字为纽带,强调不同产业间数字产品的交叉和融合,是一个新兴的产业领域。

6.3.2 国内数字内容产业的内涵

《上海市政府工作报告》(2003)中指出:"数字内容产业依托先进的信息基础设施与各种信息产品行销渠道,向用户提供数字化的图像、影像、语音等信息产品与服务的新兴产业类型,它也包括软件、远程教育、动

① 周继红. 爱尔兰如何促进数字内容产业的发展[J]. 中国青年科技,2005(9):40-43.
② Justin Pearse. Pact is well placed to serve the digital content industry[EB/OL]. New mediaage 5 march 2009 78-79. [2009-7-20]. http://www. nma. co. uk/.
③ 孙国庆. 日本内容产业发展分析[J]. 日本研究,2006(1):53-56.
④ The Korea Times. Korea to Invest W21 Billion in Digital Contents industy [EB]. http://times. Hanko oki. eomjlPage /tech/200502k/t2005021417553912350. htm.

漫、媒体出版、音像、数字电视、电子游戏等产品与服务,属于智力密集型、高附加值的新兴产业①。"

台湾经济部工业局数字内容产业推进办公室在《2004台湾数字内容产业白皮书》(2004)中将数字内容产业定义为:"提供将图像、字符、影像、语音等资料加以数字化并整合运用的产品或服务的产业②。"国务院发布的《2006—2020年国家信息化发展战略》(2006)中,数字内容产业属于信息产业的重要组成部分。在信息网络背景下,文化、出版、广播、影视、市场资讯、市场调查、游戏动漫等,凡是以内容加工为对象、产品形式表现为信息形式的,都属于信息产业。在我国政府目前的界定中,数字内容产业被归属于信息服务业。

国内学者吴佩玲(2007)分析了数字内容产业与信息内容产业,但未说明二者的联系和区别;汪礼俊(2008)指出创意产业的核心内容就是数字内容产业;李新娟(2008)认为内容产业、信息内容产业是等同的,都是融合了信息技术后的升级产业;雷弯山(2008)提出内容产业、信息内容产业、创意产业、数字创意产业都只是数字内容产业的不同称谓③。

国内一些组织和学者对数字内容产业的定义体现了广义的概括和总结,认为数字内容产业是基于数字化信息技术,融合出版、广播影视、通信网络等多种媒体的文化、创意等综合产业,它包括信息与通信技术产业和文化产业中的部门,蕴含着信息内容、信息文化与信息服务,体现了出版、影视、通信和信息技术的产业交叉④。

① 中华人民共和国传媒大学广告学院. 中华人民共和国数字内容产业发展状况研究 [EB/OL]. [2008-12-30]. http://www. diyilu. com/news/view/id-116 2009-7-21.
② 赖茂生,闫慧. 论信息资源产业及其范畴[J]. 情报科学,2008(4):481-484.
③ 胡再华. 数字内容产业特征、现状和发展策略研究[D]. 武汉:华中师范大学,2006-5-25:142-147.
④ 罗海蛟. 上海数字内容产业预测与分析[J]. 中国信息界,2010(1-2):105-109.

6.3.3 文化产业背景下的数字内容产业

数字内容产业本身具有一定的复杂性、前沿性和与其他传统或新兴产业的部分交叉。文化产业、内容产业、创意产业、数字产业、版权产业和网络产业等在产业范畴的界定上并不是完全独立、泾渭分明的,它们之间存在着许多交叉和融合。因此不能简单判定同一事物的不同概念的孰优孰劣,只能从不同角度和研究需要出发做出选择。

数字内容产业是处在发育和渐渐明晰中的产业领域,以上不同概念界定的共同之处在于数字内容产业与图像、文字、影像、语音以及数字化技术的关系,体现了数字内容产业所强调的创意和技术两个重要元素,它们的融合也是数字内容产业有别于其他产业的最重要特征。

各界对数字产业的理解都跳出了技术层面的认知,扩展至对内容产业的内涵、特征、产业结构、发展模式等的深入研究。数字内容产业作为全球新型快速发展的产业,由于信息技术的变化以及自身的发展将不断地扩展与丰富。

因此就文化产业背景下的文化艺术管理没有理由不去关注数字内容产业的内涵。

§6.4 国内外数字内容产业发展现状

6.4.1 国外数字内容产业发展

(1)产业规模与增长。

研究数据表明,全球数字内容产业是一个规模庞大、快速增长的产业。2002—2009 年全球数字内容产业规模及其增长情况如表 6 – 4 – 1

所示。从全球数字内容产业规模看,2000 年其规模仅为约 600 亿美元,
自 2002 年以来其市场规模一直保持着较快的增长速度,尽管 2009 年其
增长速度有所减缓,但仍保持了 28.6% 的增长率。总体来看,导致产业
增速趋缓的原因主要来自两个方面:一方面,产业在多年持续快速增长之
后已经形成了较大的规模基数,逐渐步入稳定增长的阶段,尤其在欧美等
发达国家,数字内容产业已经步入成熟期;另一方面,或多或少地受到了
金融危机等相关因素的影响,产业规模的增长受到了一定的抑制。

如表 6 - 4 - 1:

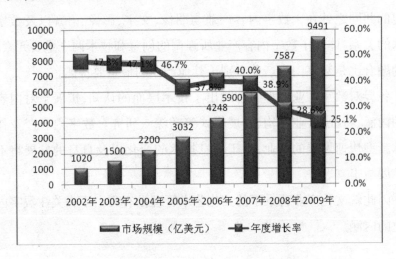

图 6 - 4 - 1　2002—2009 年全球数字内容产业规模增长情况

（数据来源:CCID 2010,08）

（2）产业市场细分构成。

从数字内容的传播载体和形式的角度来看,可以将数字内容产业市
场细分为移动数字内容、互联网数字内容、数字影音动漫、数字刊物以及
其他等几个主要的细分产业。

其中,互联网数字内容主要是指以传统互联网为载体传播的数字内
容,如门户网站、网络游戏等;移动数字内容主要是指以移动网络为传播

载体的数字内容,具体包括手机短信、手机游戏、彩铃、彩信等内容;数字影音动漫则主要是指以音视频形式为主,不包括以互联网和移动网络为主要传播载体的数字化内容,例如数字电视、数字动漫等;数字刊物是指以静态形式存在的内容,例如数字报纸等。

2008—2009 年全球数字内容产业细分市场结构如表 6 - 4 - 2 所示。从细分产业的构成来看,移动数字内容、互联网数字内容与数字影音动漫三者仍然占据着绝对的份额,三者合计占据了整个产业规模的 85% 以上的市场份额。

如表 6 - 4 - 2:

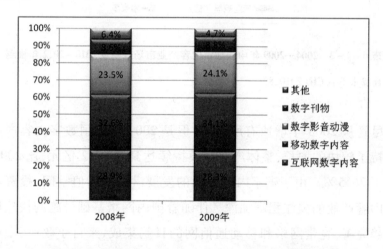

表 6 - 4 - 2　2008—2009 年全球数字内容产业细分市场结构
(数据来源:CCID 2010,8)

6.4.2　国内数字内容产业发展

(1)国内产业规模及增长情况。

2004—2009 年中国数字内容产业市场规模及 2010—2012 年预测如表 6 - 4 - 3 所示。

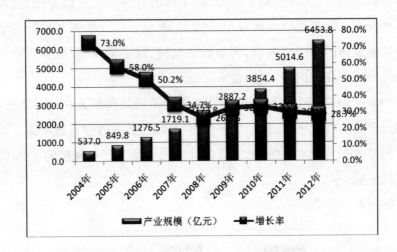

表 6 - 4 - 3   2004—2009 年中国数字内容产业市场规模及 2010 - 2012 年预测

（数据来源：CCID 2010,8）

尽管从 2008 年增速有所下降,但是 2009 年中国数字内容产业依然保持了较快的增长,整体产业规模持续达到 2887.2 亿元,比 2008 年增长了 26.5%。由于数字内容产业的发展潜力和增值空间,投资者对数字内容产业的关注程度加深。伴随着国内网络基础设施的快速增长与日趋完善,宽带网络和移动通信网的日趋集成,来自于政府、企业和个人对于数字内容和服务的接受程度、应用水平以及消费能力都有了明显的提升。

（2）产业市场细分构成。

2009 年中国数字内容产业细分市场结构如图 6 - 4 - 4 所示。

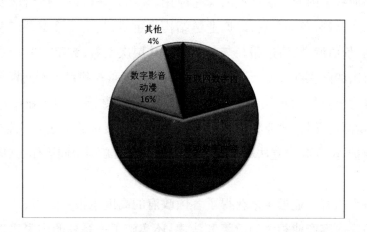

其他
4%

数字影音
动漫
16%

图6-4-4 2009年中国数字内容产业细分市场结构

（数据来源：CCID 2010,1）

从细分产业的构成情况来看，已经形成了以互联网数字内容、数字影音动漫、移动数字内容服务为主，数字出版、数字教育等细分市场快速发展的产业格局。其中，移动数字内容服务所占比重最大，其次为互联网数字内容服务。有关研究数据表明，2008年，互联网数字内容服务整体规模接近460亿元，网络广告、网络游戏和搜索引擎成为市场增长的主要动力；移动数字内容服务规模达到1280亿元左右；另外，数字影音动漫的规模达到了350亿元以上[1]。

6.4.3 国内外数字内容产业述评

数字内容产业经过十几年的研究和实践，人们对数字内容产业的认识和理解逐渐走向深入。

---

[1] 王斌,蔡宏波. 数字内容产业的内涵、界定及其国际比较[J]. 财贸经济,2010(2):110
-116.

当前数字内容产业已进入深化应用、集约共享阶段。该阶段发展以内容为本、以服务为主题、以产业链结构为主线,其主要难点是产业链生命周期、价值流动、演进路径与趋势等。从层次上看,数字内容产业也由宏观层次的国家助推发展以及中观层次的部门重视建设不断向以提供信息服务为核心的微观层次的企事业单位转移。数字内容产业的产业定位、定量测度评估、产业格局优化发展及不同发展模式的定量比较、知识产权保护、国际联合立法等问题依然是全球各国必须协同运作、共同面对的问题。

数字内容产业近年来获得了各国政府的高度重视和认可,不但制定了与数字内容产业相关的政策和法律,还实施了一系列的国家级发展战略和规划。

中国政府及企业面对加速成长的数字内容产业,不仅应该借鉴其他国家和地区在管理机制、人才培育、法规健全、鼓励金融投资、开拓国际市场方面的举措,制定出符合实际的全方位推动战略,优化目前的数字内容产业发展环境,同时还要考虑如何更精确地把握全球数字内容市场发展脉动,更深入地梳理细分应用价值变迁轨迹,这需要从区域与国别、细分市场、流通渠道、竞争格局、竞争策略、定量预测等多个角度洞察行业发展动向,构建起产业结构高级化、产业发展集聚化、产业水平国际化的现代产业体系①。

本章节的撰写最主要目的性在于:认为"数字内容产业(Digital Content Industry)是基于信息基础设施和各类产品行销渠道,向用户提供数字化的图像、语音、影像等产品与服务,形成与信息、文化、网络、创意产业交叉融合的的新兴产业类型",应当广泛地应用和纳入文化艺术管理体系的结构框架之中。

---

① 张玲,李辉. 基于网络结构的信息内容产业集群式发展机理研究[J]. 情报科学,2008(6):934 – 938.

特别是鉴于数字内容产业涵盖的范围非常之广,且各国都有自己特有的产业分类体系,因此关于数字内容产业的含义和分类至今尚未形成统一的认识之时更利于文化艺术管理体系的深入和泛化。

随着信息技术的普及,特别是信息资源处理技术的普及,数字化信息资源与传统信息资源的界限日趋模糊,表现在无论是从信息内容产业业态、企业产品上都很难将数字化与传统的内容产品完全分开。

由此可见的是,数字内容产业的地位正在逐渐攀升。研究数字内容产业的发展对促进我国数字内容产业发展的意义极其重大,同时也必将对我国未来的文化艺术管理体系建设发挥其重要的作用。

6.4.4 数字内容产业成长机理的研究应用

在遵循着"理论提出问题—模型分析问题—实证解决问题"的研究思路,对数字内容产业链的成长机理及发展对策等问题进行全面深入系统的研究。通过综合运用信息经济学、产业链等理论对数字内容产业链的成长机理及发展策略提出问题,运用超边际结构模式分析及模型求解数字内容产业链的成长模型,通过中国数字内容产业链的成长模式及策略进行实证分析,提出中国数字内容产业面临的现实问题及解决对策,丰富构建我国文化产业构成。如图 6 - 4 - 5:

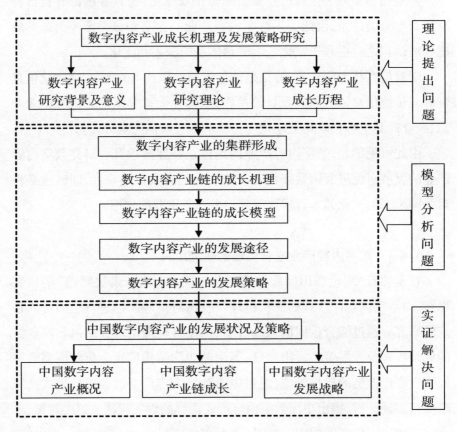

数字内容产业成长机理及发展策略研究

| 数字内容产业 研究背景及意义 | 数字内容产业 研究理论 | 数字内容产业 成长历程 |

理 论 提 出 问 题

数字内容产业的集群形成

数字内容产业链的成长机理

数字内容产业链的成长模型

数字内容产业的发展途径

数字内容产业的发展策略

模 型 分 析 问 题

中国数字内容产业的发展状况及策略

| 中国数字内容 产业概况 | 中国数字内容 产业链成长 | 中国数字内容产业 发展战略 |

实 证 解 决 问 题

图6-4-5 数字内容产业成长机理及发展策略研究

第七章

数字内容产业成长历程

近年来数字内容产业的成长虽然成效卓著,但仍然存在许多问题。客观、准确地认识数字内容产业的成长现状,既是深入探讨数字内容产业链成长理论的基础,也是进一步研究数字内容产业链、创新环境、发展对策的前提条件。因此从数字内容产业链的成长历程、数字内容产业链各个环节的具体状况、数字内容产业的成长环境以及成长特点等方面出发,全面认识和了解数字内容产业链的成长历程,为数字内容产业链成长理论、创新环境的研究以及数字内容产业发展规律的探讨奠定基础,这是文化产业研究的一个必要过程。

§7.1　数字内容产业生长过程

目前数字内容产品的生产和流通绝大部分是由互联网、传媒、出版以及信息服务等企业完成的,因此有学者认为以美国、欧盟、日韩等为代表的发达国家数字内容产业链相对成熟和稳定,而发展中国家的数字内容产业还没有形成真正的产业链,产业链上组织表现形式多样,产业规模小,衍生产品及附加值少。本文中的几位研究者相对于上述论述及结论则认为,产业链的完整与否并不是判定产业链存在与否的标准。企业都是经济实体,产业是同类或相关企业为了共同目的形成的利益集团,他们加入或退出产业链的理由,都是以经济利益能否得到实现为标准的。产业链的这种开放与成长特性,造成了同类型产业在不同的社会情境下,其产业链的表达形式会不尽相同。

从本书中的第六章研究内容可以看出,数字内容产业并不是全新的产业,而是随着数字技术的不断进步和发展,与信息、文化、创意、网络产业交叉融合的新兴产业类型。由于全球市场经济发展的不均衡,数字内容产业发展的产业化和集团化程度不一致,发展的外部环境更是千差万别,但是随着各国政府的重视和国家战略的制定,数字内容产业在各国都进入了一个相对快速的发展阶段。

数字内容产业的成长历程与各国的信息、文化、创意、网络产业的发展有着密切的联系。

数字内容产业的成长历程大体可以分为三个阶段。

7.1.1 产业形成阶段(1995—2000)

1995年,"数字内容""内容产业"等名词引起了各国和各界学者的注意。在数字内容产业的引入期,数字内容产品、数字内容服务、数字内容产业的名词和概念开始出现,但是内涵的界定还不成型,产业规模不明显。20世纪90年代数字制作技术水平相对落后、网络覆盖率只在发达国家较高,因此数字内容产品和服务的生产能力、产品质量、营销渠道、贸易范围受到限制和影响,数字内容产业进入起步阶段①。

1996年至2000年之间,日本、韩国和中国台湾地区已广泛使用内容这一概念并将其纳入经济政策范畴。韩国和中国台湾地区中相关机构名

---

① Challenges for the EuroPean Information Society beyond2005. Report of Commissionof the EuroPean Communities,COM(2004)757final Brussels,2004.

称分别为"韩国文化内容振兴院"（Korea Culture and Contents Agency）和"台湾地区数字内容产业推动办公室"（Taiwan Digital Content Industry Promotion Office）。美国和欧洲国家则更加泛化数字内容所包括的对象。例如,美国的著作权产业（Copyright Industries）、娱乐产业（Entertainment Industries）、英国的创意产业（Creative Industries）、法国的文化产业（Cultural Industries）等,这些产业所指对象均与数字内容产业有所交叉①。

（1）数字内容产品的出现。

在这一阶段,数字内容产品可以理解为既是内容产品,又是数字产品。数字内容产品是内容产品中数字化的那一部分,如大型网络数据库、数字图书馆、网络期刊等的出现,强调数字技术的应用给人们带来的新特性。内容产品中通过传统媒介承载和传播的部分就不属于数字内容产品,例如纸质文档、书刊、报纸、图片等。与数字产品相比,数字产品中强调内容的部分是数字内容产品,不包括数字化过程和转换工具,例如收发电子邮件是数字化过程,属于数字产品的范畴,但不属于数字内容产品。不过,电子邮件本身可以理解为数字内容产品,因为它既有数字化的形式,又有内容。因此,数字内容产品是数字产品中强调内容属性的部分,是数字产品和内容产品的交集。

（2）数字内容服务的出现。

《国际服务贸易统计手册》（2002）中将服务定义为:"服务不是能够确定所有权的独立实体,不能脱离生产单独进行交易。服务是伴随生产的辅助性产出,一般由生产者按照消费需要所从事的活动,完成生产后,服务必须要提供给消费者。"②我们经常很难严格区分实物产品与服务的

---

① 王斌,蔡宏波. 数字内容产业的内涵、界定及其国际比较[J]. 财贸经济,2010(2): 110 - 116.

② United Nations and World Trade Organization,Manual on Statistics of International Trade in Services,July 2002:254 - 259.

划分界限,因为二者交易过程往往相互渗透和相互关联。例如,转让软件技术的同时又有硬件产品的配套输出,硬件产品配送时往往也可能含有软件的安装和调试服务等。

因此,数字内容服务可以定义为向其他经济组织或个人提供数字内容产品,帮助其制造、存储和传播数字内容产品的所有相关服务的总称。数字内容服务的外延涵盖了所有移动服务、网络服务和与数字内容产品有关的所有服务,其中包括手机短信传输、手机导航、网络数据存储、网络视频上传、下载、分发和管理等。在实际中,数字内容服务与产品的界限同样难以严格划分。例如,电子邮件用户编辑产生的数字内容产品一定伴随有 163、雅虎、hotmail 等提供的数字内容服务。优酷网、土豆网和迅雷等提供网络视频服务的同时也提供了网络视频内容产品,用户同时也享受了网站的视频管理、索引和分发等服务。

7.1.2　产业成长阶段(2001—2006)

进入 21 世纪,网络已覆盖全球 200 多个国家,"网络地球村"业已实现人类跨越时空,不受地域的限制,实时进行交流和贸易。伴随着数字制作技术的快速发展,数字内容产业也进入了快速的成长期。

在此阶段理解数字内容产业是广义的,它是依托信息技术支撑,一切与之有关的文化产业链上的产品或服务都可称为数字内容产业的范围。由于数字内容产业同现有的文化产业、信息产业、创意产业等并生共存,是处在发育和渐渐明晰中的产业领域。同时,数字内容产品和数字内容服务的概念已经趋于达成一致,数字内容市场的多元化对多样化产品形成强烈的需求,因此市场上嗅觉灵敏的中小企业将担当数字内容产品创新的重任。在数字内容产品创新中,随着差异化数字内容产品的系列开发,产品组的共性知识也在不断积累。中小企业之间共同组建技术联盟,既有利于分享共性知识、分担产品研发成本、合作开发生产流程和利益共享等,又能加快新产品推出速度,从而促使内容产业快速成长。

(1)全球数字内容产业的成长。

在成长阶段里,数字内容产业融合了信息产业和文化产业的部分内容而成为新型产业。其中具有代表性的二种新型产业为:

①网络游戏产业。1996—2006年,第三代大型网络游戏MMOG-AME风靡全球,网络游戏不再依托于单一的服务商和服务平台而存在,而是直接接入互联网。MMOGAME又称"在线游戏",简称"网游",是可以多人同时参与的游戏,通过人与人之间的互动达到交流、娱乐和休闲的目的。美国的网络游戏业已连续多年超过好莱坞电影业,成为全美最大的娱乐产业。美国市场的电脑网络游戏仍然占据主流地位,因为其在工作、上网和娱乐上的多功能性要比电视网络游戏更具优势。2004年,美国网游市场达到73亿美元;2006年,美国网游市场达到125亿美元。1999年,韩国政府制定音像制品和游戏软件相关法令,鼓励游戏软件制作、人才培养,加强基础设施,同时实行游戏软件的评判监督和分级制度。2006年,韩国的游戏市场也已经超过其引以为傲的汽车工业①。

②数字动漫产业。以"创意"为核心,以动画、漫画为表现形式,包括动漫图书、报刊、电影、电视、音像制品和基于现代信息传播技术手段的动漫新品种等和数字动漫直接产品的开发、生产、出版、播出和销售以及与动漫形象有关的电子游戏等衍生产品的生产和经营的产业。2004年,全球数字内容产业产值达2228亿美元,与游戏、动画相关的衍生产品产值超过5000亿美元。2004年,日本动漫占据全球份额的70%以上。

全球除了网络游戏产业、数字动漫产业迅速发展以外,数字学习(教育)、

---

① 徐涛. 中国游戏产业成长分析[D]. 清华大学新闻与传播学院,2005.6:16 – 18.

数字电影、数字音乐、数字出版、网络电视等内容产业产值也急剧攀升。2003—2006 年间,全球数字内容产业的年均增长率保持在 11%以上①。

(2)中国数字内容产业的成长。

2004 年,信息产业部把国产网络游戏软件的开发列入了电子发展基金项目。同年 4 月,国家广电总局(现为国家新闻出版广电总局)向全国印发了《关于发展我国影视动画产业的若干意见》,用以促进国产动画的发展。接着文化部也成立了专门的小组负责数字内容相关细分产业的扶植与促进工作;另外,国务院办公厅在 2006 年下发了《关于推动我国动漫产业发展若干意见的通知》,通知反映了政府各部门对数字内容产业各个细分产业发展的重视和支持。北京市、上海市率先制定了促进和规范数字内容产业的管理办法和规范,并逐渐形成了重点发展区域②。

7.1.3 产业成型阶段(2007 至今)

在产业的成型期,数字内容产品的特点得以确定,数字制作技术标准逐渐形成,产品的开发成本也随之上升,行业竞争的重点逐渐转向以降低成本为目的的内容创新。大企业由于具备较高的市场垄断地位和雄厚的资金,并有开发新一代数字内容产品和内容创新的动力,在大企业间构建产业链,实现了软件硬件的技术联盟,既有利于人力资源、信息资源的整合,又能分享共性知识、分担开发成本和共享创新收益。因此,大企业间形成的核心技术联盟积累了丰富的共性知识,吸引了众多的中小企业加入联盟③。

---

① 侯亮. 国内外数字内容产业发展现状分析[J]. 软件导刊,2007(11):6-8.
② 刘钢. 数字内容产业的发展对我国现代化的贡献. 第六期中国现代化研究论坛论文集[C]. 北京,2008:97-101.
③ 李婧,李凌汉. 中国数字内容产业发展中存在的问题及政府调控[J]. 经济研究导刊,2009(4):21-22.

（1）全球数字内容产业的成型阶段。

美国、欧盟、日韩等发达国家具有发达的网络基础、先进的研发技术、充足的资金实力以及广阔的市场，为全球数字内容产业的发展奠定了良好基础。美国是目前全球数字内容产业最发达的国家。

在企业实力方面，美国聚集了一批 CG、Dreamworks、Google 以及 AOL TimeWarner 等领先的数字娱乐软硬件厂商，从而确立了美国在全球数字内容产业的绝对领先地位。美国目前在动漫、在线音乐、数字电视节目、数字出版与典藏等方面已经形成了垄断性的优势。欧洲和日韩紧随其后，拥有大批软件开发、游戏开发、终端产品设计制造等环节领先的企业，欧洲等国悠久、独特的文化历史以及语言环境也形成了数字内容形式丰富、内容多元化的产业特色。

（2）中国数字内容产业的成型阶段。

在企业实力方面，北京、上海、广州、深圳、苏州市集中了国家级动漫游戏产业振兴基地和数字内容产业园区。广州市在网络游戏、数字媒体等方面，以网易为代表的数字内容企业市场地位大幅提高。苏州市形成了泰山动画、宏广、宏扬、蜗牛电子、园区动漫等一批具有一定规模的动漫企业。以腾讯为代表的深圳互联网企业，在网络游戏、无线增值业务方面都具有一定优势。2008 年，中国数字内容产业保持了较快的增长势头，整体产业规模持续达到 2173.8 亿元，比 2007 年增长了 26.5%。2008 年 6 月，中国数字音乐平台 A8 音乐（00800.HK）在港交所主板挂牌上市；7 月，中国手机动漫第一股湖南拓维信息系统股份有限公司在深圳证券交易所中小板上市；9 月，华友世纪斥资 2100 万元战略投资台湾唱片公司种子音乐。除此之外，手机游戏、移动 SNS 社区、移动营销等都成为风险投资以及战略投资者关注的热点。

§7.2 数字内容产业成长特点

7.2.1 产业分布

从数字内容产业的特性来看,它是各国文化发达程度的一种反映,对各国民族文化的宣传发扬、国家形象的塑造和提升有着重要意义。而且随着工业社会逐渐向信息社会升级,数字内容产业作为信息应用的核心,不仅具有高增长性、高附加值性的特征,其对相关产业以及国民经济的带动作用也日趋明显。因此,全球各国普遍将数字内容产业作为重要的战略性产业来发展。

2009 年全球数字内容产业分布区域格局如图 7 - 2 - 1 所示,欧美地区占据相对领先的地位,尤其在互联网内容、动漫影音、数字出版等方面,欧美集中了大多数全球领先的产品开发商、服务提供商,成为全球数字内容产业最发达的地区;日本和韩国等地则在移动互联网应用以及游戏方面处于领先的地位,形成了独具特色的产业优势。而随着欧美、日韩等数

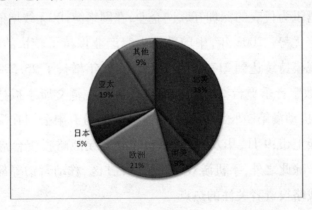

图 7 - 2 - 1 2009 年全球数字内容产业分布区域格局

(数据来源:CCID 2010,08)

字内容比较发达的国家和地区的产业发展逐渐进入到稳定发展阶段,亚太、南美等地开始呈现出快速发展的势头,并成为推动产业发展的重要驱动力量,市场地位逐步上升。

7.2.2 产业发展模式

从全球主要国家和地区的数字内容产业发展模式来看,无论在市场化程度很高的欧美发达国家,还是在韩国、日本等新兴市场,企业始终是产业发展的核心,而政府在产业发展中起到了重要的推动作用。

在以美国为代表的西方发达国家,政府采取了与一般国家不同的自由竞争的产业政策,希望借由厂商之间自由竞争,刺激产业加速发展数字内容产业。因此,企业在高度市场化的环境下自由竞争发展,政府很少参与和干涉企业发展,而政府主要针对研究发展项目给予补助和支持。尤其在版权方面政策给予了明确的规范,1998 年,美国出台了数字千年版权法,规定了在数字时代破坏版权的违法行为,并定义了版权管理信息,以保证数字出版发行、传播等环节在合理的法律环境下有秩序地进行。

相比之下,日本、韩国等相对起步较晚的国家,政府政策在产业发展中起到了重要的推动作用。尤其在韩国,政府相继成立了多个专门管理机构,出台了多项政策措施给予数字内容产业技术和资金方面的支持,才逐步形成了今天发展迅速的韩国数字内容产业①。

7.2.3 竞争特点

(1)产业链协作推动产业发展。

全球数字内容产业已经形成了"终端—网络—应用—销售—内容和

---

① 赵顺龙. 技术创新联盟与产业发展阶段的匹配及类型选择[J]. 江海学刊,2009(3):90–96.

服务"的完整价值链,而价值链中的每个环节之间具有紧密的联系。终端是用户获取内容和服务的载体,网络是用户应用和获取内容的渠道,终端与内容的相互配合才能真正实现内容的价值。因此,产业的快速发展必须有价值链各环节企业的相互配合。

从终端上讲,终端设备的多样性、功能的丰富性已经成为终端设备企业努力的方向,而终端企业在产品设计研发中也充分考虑到对内容和服务的支持,并且将很多内容与终端产品进行了结合和打包。

对于内容开发企业而言,由于终端和网络的技术标准不统一,必须针对不同的终端和网络特征设计有针对性的产品策略。尤其在未来,跨媒体化趋势更加明显,数字内容的开发也需要满足移动通信网、有线电视网、广播网等的需要。

(2)盈利模式多元化。

从数字内容的发展特点来看,四种盈利模式获得了企业关注。首先是基础网络接入的收入,网络接入与数字内容是博弈的关系。用户接入网络才能获得相应的内容,而内容的丰富性和高质量能够提高用户粘性和用户使用率,从而产生更大的利润空间。其次是广告收入,无论是互联网内容还是动漫影音,广告收入都是目前企业盈利的最主要支撑,而广告形式的创新是关键。再次,内容直接收费,这种模式在移动数字内容、数字影音以及数字出版方面应用比较成熟,但需要有良好的版权保障机制。最后是从内容延伸出来的增值服务。例如从内容延伸到产品销售、客户服务等领域,都能够创造出增值的价值。从发展趋势来看,通过内容向增值服务延伸具有更大的发展潜力。

(3)网络视频、SNS 等热点领域值得关注。

从 2008 年全球数字内容产业发展热点来看,以下两个领域值得重点关注:

① 视频内容。视频内容在近几年一直发展非常迅速。2008 年美国

大选中,YouTube 成为总统竞选的重要工具,将视频网站的发展推向了一个高潮,用户认知度以及市场地位都得到了大幅度提升。

② 移动社区,SNS 概念在全球发展迅速,2008 年呈现出明显的移动化趋势,未来移动 SNS 将会成为用户之间沟通、分享重要渠道①。

7.2.4 产业投资

从 2008 年全球数字内容产业的投资并购案例来看,主要呈现以下特点:

(1)博客成为收购的热门对象。

主要有英国卫报集团收购了 Paidcontent、康泰纳什收购了 ArsTechnica 等,此外 Huffington Post 等博客也获得了大规模融资。在 2009 年,经济环境的不景气也将加速传统媒体商业模式的调整,而博客则可能从中找到更多的发展空间。

(2)创业公司通过合并寻求发展。

近几年由于受到金融危机的影响,很多创业公司面临经营困难,而不得不选择合并或者倒闭。而创业公司本身在经营理念和商业模式上的相似性,为它们之间的合并提供了有利条件。

例如博客网站 Six Apart 收购了微型博客 Pownce、Live Universe 收购了个性化门户 PageFlakes 及视频网站 Revver、社区网站 Buzznet 并购了音乐社区 Qloud、拥有博客平台软件 Wordpress 的 Automattic 先后收购了在线投票和调查服务商 PollDaddy 和社会化留言系统 IntenseDebate 等。

---

① 刘钢. 数字内容产业的发展对我国现代化的贡献. 第六期中国现代化研究论坛论文集[C]. 北京,2008:104 - 109.

§7.3 数字内容产业成长环境

7.3.1 政策环境

就全球范围来看,数字内容产业的成长初期离不开政府的推动、扶持和监管,无论在市场经济体制下,还是在计划经济体制下,政府都扮演着非常重要的角色。随着数字内容产业链的成熟、市场规模的壮大,在市场经济作用下,以美国为代表的发达国家政府对数字内容产业放松管制,建立健全产业政策以及法律法规,通过市场来规范产业的运作。

管理体制方面,国外政府大多采用市场经济环境下的民间的、中介协会作用于数字内容产业的管理体制。日本成立数字内容产业协会;韩国成立数字内容产业发展委员会和数字内容规划与服务局;澳大利亚成立交互媒体产业协会、游戏开发商协会;英国成立数字内容产业联盟。为保护作者创作的积极性,我国相继成立了"中国文字著作权协会""文化创意组织协会"等机构,开辟专门的数字产业基地(有的称"创意园"),以此推动文化创意产业的发展,从体制上适应数字内容产业的发展要求。

美国在政策方面与其他国家侧重点不同。由于美国数字内容完全市场化运作,本土拥有足够的内需市场规模、健全的商业环境以及蓬勃的内容产业,发展数字内容产业的先天条件深厚,厂商之间的自由竞争为产业加速发展提供了充足的动力,政府无须制订专门的推动计划,而是侧重于进行核心新技术的研发,以弥补企业研发能力的空白。除此之外,美国政府还通过制定严格的媒体法规,以确保市场的竞争秩序,激励产业成长。欧盟等国也高度重视数字内容产业发展,通过政府的扶持和关注为数字内容产业的快速发展提供了重要支持①。

欧盟高度重视数字内容产业发展,通过了 eContent Programme(2001—2004),作为推进数字内容产业发展的整体部署,并且在 2005 年 3 月,通过了旨在促进多语言数字内容的创新和在线服务的 eContent Plus Programme,用以促进欧盟范围内数字内容的共享和共同发展②。

政府的扶持和关注为日本数字内容产业的快速发展提供了重要支持。日本政府将数字内容产业定位为"积极振兴的新型产业",并采取了多种措施来扶持和促进数字内容产业的发展,力图以强大经济实力与技术能力为基础,建造超高速互联网,开发核心技术,推动日本成为全球数字内容产业强国③。

中国数字内容产业在政策方面秉承扶持和监管并重的原则。在相关扶持方面,中国政府已经将数字内容产业的发展提升到了战略性的高度。早在《中华人民共和国国民经济和社会发展第十一个五年规划纲要》中明确指出:"鼓励教育、文化、出版、广播电视等领域的数字内容产业发展,发展动漫产业,并从完善信息基础设施、积极发展信息服务业、加强社会主义文化建设三个方面规划了数字内容产业的发展。"

政府在积极推动和严格监管的双重力量的作用下,数字内容产业的发展也将保持在健康的轨道上,产业竞争日益走向规范④。

7.3.2　经济环境

在经济环境中,影响因素主要包括区域经济规模、产业结构、对外开

①　Department of Commerce of US. The Emerging Digital Econmy[EB/OL].

②　Nick Mooer, Acumen. European Content for the21 century:A Forecast to2005[EB]http: www. a cumenuk. co. uk/paapers/European_content_vision. php.

③　Chuan – Kai lee. Cluster Adaptability across Sector and Border:The Case of Taiwan's Information Technology Industry [D]. Berkeley:Univ. of California,2006:1 – 206.

④　罗海蛟. 发展数字内容产业是国家级的战略决策[J]. 中国信息界,2010(3):25 – 28.

放交流的程度和广度等。在宏观经济环境方面,近十年全球经济一直保持着稳定增长,虽然2008年全球经济发展放缓,但整体经济环境依然良好,仍将保持较快增长势头。在经济高速发展的带动下,数字内容市场需求不断升级,推动了产业的加速发展。

与此同时,全球互联网内容和移动内容等产业经过多年的积累和探索已经形成了较为成熟的商业模式,数字内容产业的商业价值逐渐爆发出来,从而吸引了大量企业和投资者的参与。中国数字内容产业的竞争也将逐步升级,由最初的流量竞争,逐渐上升到用户粘性以及用户价值的竞争。

全球数字内容产业快速增长的同时,也吸引了各国企业和投资者的目光,欧美、日韩的数字内容企业争相进驻中国,在互联网、移动、数字影音、动漫等各个领域展开与国内企业的合作,促进了中国数字内容产业的成熟和发展。随着经济环境的逐渐回暖,数字内容仍将是全球投资者关注的重点领域。

7.3.3 社会环境

数字内容产业具有资本密集、技术密集、知识密集、人才密集的行业特征,它的发展繁荣不仅有赖于民主、文明、稳定的政治制度,更有赖于开放、发展的市场经济制度以及高素质的人才队伍。近年来,各国都加强了对数字内容产业发展的重视力度,在网络电视、数字影音、移动视频等新兴热点领域已经开始尝试运用技术的进步有力促进数字内容产业的升级。

全球发展数字内容产业的环境和氛围逐步形成,许多国家有代表性的数字内容产业园区都聚集了大批企业和人才,形成了数字内容产业发展的良好氛围。

在教育培训方面,全球有关数字内容的培训机构相继成立,各国在许多高校中开设了游戏、动漫等相关专业,为数字内容产业的发展培养了大批人才。在家庭和个人用户需求方面,随着互联网应用的普及以及网络电视的快速发展,人们对数字内容产业的接受和理解都取得了很大进步。

7.3.4　技术环境

网络技术发展日新月异,推动了网络安全产品和服务的不断升级。近年来 TAG、RSS、API、Ajax 等技术得到广泛应用,带来了服务模式和商业模式的巨大创新。2009 年,以 Facebook、Twitter 为代表的 SNS 正在迅速改变全球互联网格局。Morgan Stanley 的数据表明,互联网用户现在有16% 的时间在体验 SNS 服务,如今 SNS 已不仅局限于互动社交,而且还广泛融合游戏、多种应用甚至电子商务等众多模式,SNS 已经成为影响全球网络用户的新的生活方式,成为引领互联网发展新的代名词,风靡全球。同时,业界对于计算理念的讨论和探索,为未来网络发展提出了新的方向,也为数字内容服务商提出了创新的要求①。

此外,网络安全环境的不断改善为数字内容产业发展提供了必要支持,主要体现在两个方面:一方面,网络安全产品已经从简单的防火墙到目前的具备报警、预警、分析、审计、监测等全面功能的网络安全系统;另一方面,网络安全技术取得巨大进步,为政府和企业在构建网络安全体系方面提供了更加多样化的选择。

---

① 移动 SNS 社区海外标杆案例研究报告（2009）中国市场报告网 http//www.360BaoGao.com/2009 – 10/ yidong shequhai waibiaogananliyanjBaoGao.html 2009.11.

§7.4 数字内容产业成长影响因素与市场特征

7.4.1 有利因素

(1)各国政府积极推动产业环境完善。

随着数字内容产业在市场经济中的表现日益突出,各国政府对数字内容产业的重视程度持续提高。美国、欧盟等国将会进一步加大对数字内容产业及其相关细分市场的支持力度,从资金、税收、产业环境优化、产业链完善等多方面给与市场调节和政府宏观调控。例如以建立产业基地或者产业园的形式,搭建完整的区域数字内容产业链,提升区域整体企业竞争实力;建立专业机构,开展培训,为产业发展积累人力资源①。

(2)网络基础不断提升支持产业升级。

一方面,全球宽带网络覆盖率不断提升,资费不断下降;另一方面,移动通信正在加快互联网应用整合,全球的移动内容将实现全面共享。企业看到了移动互联网的发展潜力,以流媒体业务为核心的视频等增值服务将获得更加广阔的发展空间。网络的不断改善和提升为数字内容产业发展提供了技术支持②。

7.4.2 不利因素

(1)版权和相关法律问题依然存在。

数字内容的版权和相关法律问题一直是制约全球数字内容产业发展

---

① 何东. 数字内容产业的发展与展望[J]. 武汉电信网络监控部,2007;5 – 6.
② 高新民. 发展在线数字内容产业促进数字网络融合[N]. 中国电子报,2008 – 1 – 10 (4).

的瓶颈。尽管在开放性和可复制性较高的互联网数字内容方面,各国的相关部门都制定了具有针对性的法律法规,但是由于缺乏完善有效的监管体系,版权问题的解决面临较多挑战。尤其在互联网时代,用户原创内容(UGC,User Generated Content)的大范围应用会使得网络原创内容的版权更加难以确认。由于版权问题导致内容厂商的商业利益无法得到保障,甚至难以建立合适的商业模式,结果是大量产业价值流向盗版市场或者违规经营者。全球范围内的数字内容产业由于版权问题无法得到确认和保障,将会严重制约大批数字内容开发商或者开发人员的研发热情,限制产业发展的步伐,甚至会导致产业发展陷入恶性循环①。

(2)数字内容竞争同质化现象严重。

数字内容的同质化问题,主要表现在游戏方面。在网络游戏市场,随着市场的高速发展,运营的游戏产品数量不断增多,大量游戏的背景、游戏方式颇为类似,尤其在休闲游戏和手机游戏方面,由于游戏产品本身比较简单,不存在技术研发壁垒,而市场对产品的需求量又非常大,因此,开发商、运营商之间相互拷贝的现象非常普遍。从网络游戏出版内容层面看,创新能力仍然不足,同质化现象仍然突出,低俗内容也时有发生。在数字内容同质化问题的背后,隐藏着不规范的市场环境和恶性竞争,这必将导致整个行业陷入低利润运营甚至难以产生盈利模式的困境。

(3)金融危机考验产业的盈利能力。

全球范围内的众多数字内容企业依赖风险投资生存,而2008年以来全球性的金融危机,必然会在一段时间内影响到市场总体投资状况。一方面,投资者希望从数字内容产业中真正寻找到具有增值空间的投资项目;另一方面,投资者对资金运用的谨慎态度,则可能会减少风险投资的金额和数量。这对于大多数数字内容企业而言,需要立即做出策略调整,

---

① 治钢. 中国数字内容产业亟待解决三大问题[N]. 中国经济时报,2007.

第二编 数字内容产业

提升自身的盈利能力,及时应对可能面临的投资减少的危机,以期获得更多稳健投资者关注的机会①。

7.4.3 国外产业市场特征

(1)产业区域性分布特征。

从产业分布的区域格局来看,欧美地区占据绝对领先的地位。2009年全球互联网产业分布区域调查显示,北美占38%、欧洲占21%、南美占9%、日本占5%,除日本之外的亚太区域占19%、其他地区占9%(数据来源:CCID 2010,8)。在互联网内容、动漫影音、数字出版等方面,美欧集中了大多数全球领先的产品开发商、服务提供商,成为全球数字内容产业最发达的地区;而日本、韩国、澳大利亚等地则在移动互联网应用、游戏等方面处于领先的地位,形成了独具特色的产业优势。亚太、南美等地区的产业市场则随着数字内容比较发达的国家和地区的快速发展也开始呈现出快速发展的势头,并逐渐成为推动全球产业发展的新生驱动力量,其市场地位逐步提升②。

(2)政府支撑产业发展模式特征。

政府推进是支撑全球数字内容产业发展的一个重要模式。近年来,全球各国充分发挥政府在促进数字内容产业发展方面的作用,实施战略性计划,推进内容产业的不断升级和结构优化,通过实施人才战略促使内容产业的持续发展。

通过政府政策支持建立信息产业基地、数字内容产业门户网站、数字内容论坛为创业企业和中小型企业提供资金支持、建立长效机制、提高进出口水平、鼓励开发内容资源等方面有效地推进数字内容产业发展。

---

① 侯亮.国内外数字内容产业发展现状分析[J].中国电信武汉分公司,2007;6-8.
② 2008年中国数字内容产业及2009-2013年发展预测研究报告:CCID.2009.8;114-119.

政府从技术与法律法规方面保证数字内容产业的健康发展。一方面利用现代技术把内容监管的环节和手段前移到标准、硬件和传输环境,把内容管理贯彻到产业链各个环节;另一方面出台相关法律法规,建立有效的监管体系,确保数字内容产业健康有序地发展。

政府部门的重要作用还体现在宏观上引导数字内容产业发展,鼓励自由市场竞争,推进形成生态产业链,在持续发展中不断优化产业结构。

(3)产业供给竞争特征。

从全球范围来看,数字内容产业的竞争格局日趋交叉化、复杂化、高强度化。产业供给方面呈现出终端设备厂商加速对上游内容产业的渗透;内容的跨平台发展也日益显著,传统互联网内容和移动互联网内容的相互融合渗透,移动通信网络的发展日渐普及;动漫、游戏等成熟领域呈现出垄断的特征,产品研发成本越来越高①。

产业竞争的结果是产业链的完善与协作的增加,竞争整体推进了推动产业发展。数字内容产业在"用户终端—互联网络—市场营销—内容和服务"的完整价值链的每个环节之间具有紧密的联系。用户终端是用户获取内容和服务的载体,互联网络是用户应用和获取内容的渠道,市场营销是将用户终端与内容的相互匹配、整合真正实现内容价值的活动。因此,产业的快速发展要求与价值链各环节企业必须更好地相互配合。

(4)产业盈利模式特征。

从数字内容产业的发展来看,产业盈利模式仍有待于发展和成熟,逐渐向多元化、差异化发展。从基础网络接入的收入,到广告收入、内容直

① Uday M. Apte, Uday S. Karmarkar, Hiranya K. Nath. Information Services in the U. S. Economy:VALUE,JOBS,AND MANAGEMENT IMPLICATIONS [J]. Caufornia Mangenmen Review,2008:12 - 30.

接收费及从内容延伸出来的增值服务来看,满足个人、政府和企事业单位的差异化服务具有更大的发展潜力①。

7.4.3 国内产业市场特征

（1）各级各地政策支撑,产业集群效应初显。

数字内容产业作为一个在中国刚刚发育起来的新型产业,政府在加强市场监管、营造良好的数字内容市场运行环境、建设完整的产业链、成立我国数字内容产业协会等方面将起到重要的引导、扶持和推动作用。

数字内容产业作为现代信息服务业的重要组成部分,得到了各级、各地政府的高度重视,各地在税收、人才引进方面给予优惠政策,并组建产业基地和园区来推动数字内容产业的发展。在各地方政府差异化的政策引导之下,产业集群的效应已经初步显现出来,各地产业市场表现出各自的发展特点。

比如,北京的数字内容产业全面发展,在动漫、网络游戏、增值业务、网络教育等方面都具有明显优势,尤其在原创内容开发上处于领先的地位。北京聚集了大批优秀的内容开发企业和人才。

上海在动漫和网络游戏优势突出。在动漫方面,上海美术电影制片厂在我国动漫界长期处于领先地位,同时上海还是"国家动漫游戏产业振兴基地"和"国家动漫游戏产业示范基地"。在网络游戏方面,上海是中国网络游戏运营中心。而广州、苏州、深圳等地的数字内容产业发展也处于国内领先的地位②。

---

① Dae - Je Chin. Broadband and digital content:Creativity,growth and employment [J]. Digtal Content Creation Distubution and Access january,2006:30 - 31.

② 中国数字内容产业发展状况研究（下）. 中商情报网［2009 - 7 - 20］. http:// www. askci. com,2009. 7. 20.

（2）产业发展支撑环境日益完善。

从经济环境来看,经济环境方面的支撑依然强劲。截至2009年上半年,虽然国内市场继续受到全球经济下滑、人民币升值等因素的影响,但整体经济环境依然保持着增长势头。互联网内容和移动内容等产业经过多年的渗透和融合已经形成了较为成熟的商业模式,从而吸引了大量企业和投资者的参与。

从社会环境来看,人才资源日益丰富。全社会都加强了对数字内容产业发展的重视力度。许多城市相继成立数字内容产业基地,聚集了大批企业和人才,形成了数字内容产业发展的良好氛围。在教育培训方面,有关数字内容的培训机构相继成立,许多高等院校也开设了游戏、动漫等相关专业,为数字内容产业的发展培养了大批人才。

从技术环境来看,数字内容提供模式日益丰富,技术支持日益加强。在网络基础层面,带宽发展迅速,3G、4G、VOIP、IPTV等新兴商用技术的进步将有力促进数字内容产业的升级。近年来TAG、RSS、API、Ajax等技术得到广泛应用,带来了服务模式和商业模式巨大创新。2008年,SNS在中国掀起了热潮,随之而来的Widget技术的大量应用和普及,都丰富了数字内容的提供模式。同时,网络安全产品和服务的不断升级和改善为数字内容产业发展提供了必要支持[1]。

可以总结概括地说,数字内容产业的成长历程大体上经历了产业形成、成长和成型三个阶段,从产业分布、产业发展模式、竞争特点和产业投资理论联系实际中可以明显看出数字内容产业的成长特点。从政策、经济、社会、技术四个角度可以基本概括出数字内容产业的成长环境,从而能够得出产业成长的有利和不利因素,为进一步就国内外产业区域分布、政府支撑产业发展模式、竞争和盈利模式的市场特征的准确分系做出了

---

① 李靖,李凌汉．中国数字内容产业发展中存在的问题及政府调控[J]．经济研究导刊,2009(4):21－22.

相应的理论依据。

随着信息技术的发展,以数字和创新为特征的文化产业内容现已成为全球最具活力的新经济增长点之一,并且受到了世界各国政府的关注。英国政府的"一臂间隔"管理下的创意产业,使得近几年来英国文化产业的发展速度是经济增长的两倍,所创造的年平均产值接近 600 亿美元,约占国民生产总值的 11%,超过了任何一种传统制造业所创造的产值①。

信息、传媒和文化,因其拥有人类社会持续发展所必须的资源、沟通和人文三大要素,成为 21 世纪战略家、思想家和科学家们关注的焦点。综合这三大热点形成的文化产业,已成为综合国力竞争的重要方面②。

---

① 熊澄宇,世界文化产业研究[M]. 清华大学出版社,2012(3):1-2.
② 熊澄宇,世界文化产业研究[M]. 清华大学出版社,2012(3):1.

第八章

数字内容产业集群形成机理

§8.1　数字内容产业集群概述

8.1.1　产业集群与产业聚集

从各国经济的发展和产业演化过程来看,产业发展的一个重要特征就是产业总是聚集在某一个特定的地区范围内发展和壮大,而不是在所有的地区均匀等比地发展。人们在考察和研究产业发展的地区集中化现象时,往往不加区分地使用产业集聚与产业集群两个术语。欧美发达国家学者认为产业集群与产业集聚两者之间没有区别,国内的理论界也大都把这两个词等同起来。然而,产业集聚和产业集群是既有内在联系又有本质区别的两个不同概念①。

产业集聚是指同一类型或不同类型的产业及相关支撑机构在一定地域范围内的集中、聚合,是一种基于产品链和增值链的简单劳动分工关

---

① 毕强,韩洁平,赵娜. 信息内容产业的发展机理与发展规律研究[J]. 情报资料工作,2010(2):20 – 24.

系。产业集群则是指大量专业化的产业及相关支撑机构在一定地域范围内的柔性集聚,并结成密集的合作网络,植根于当地不断创新的社会文化环境,是在集聚基础上基于信息和知识联系的"创新链"机制①。可见,产业集聚与产业集群的本质区别就在于企业的柔性集聚。

产业集聚与产业集群的区别,还具体表现为它们两者在集聚过程、内在关系、产业链、创新网络、集聚动力、知识传递、根植性、发展层次等方面的不同②。就特定区域经济或产业发展来说,总是先有产业集聚,后有产业集群。产业集聚只是地域集约化经济的初级阶段,而产业集群则是地域集约化经济的高级阶段。产业集聚为产业集群提供基础,产业集群是产业集聚发展的更高级阶段。

8.1.2 数字内容产业集群

在数字内容产业内建立起畅通的信息渠道和强大的知识传递共享平台非常重要,它们不仅提供大量多样化的信息与知识,而且能够保证其有序合理地传递、储存和利用③。数字内容产业集群化恰恰提供了这样一个平台。企业的集群化程度越高,相互之间的关系越紧密,越有利于创新的产生和传播。集群的存在以及网络化的合作方式是信息产业良好环境形成的基础。数字内容企业集群化发展的内在动力,正是由于企业之间各种正式与非正式的合作和信息交流带来了创新灵感和加快了对技术的学习过程,从而能形成持续的创新动力。同时,大量 IT 专业人才在企业间的流动,也促使了数字内容产业集群中隐性知识的传播。

---

① 王志敏. 从集聚到集群产业集群形成机制分析[J]. 企业经济,2007(2):39-42.
② 刘友金. 产业集聚、集群与工程机械工业发展战略[J]. 求索,2004(8):4-7.
③ 符韶英,徐碧祥. 创意产业集群化初探[J]. 科技管理研究,2006(5):54-56.

§8.2 数字内容产业集聚的原因分析

8.2.1 数字内容产业集群现状

产业集群是当今世界上发达国家产业成长最为显著的经济特征之一,呈现出旺盛的生命力,成为一国或一个地区经济持续增长的核心。它不仅可以成为区域经济发展的主导,而且也成为提高国家产业竞争的新生力量。从世界范围看,产业集群化已是一个非常普遍的现象,国际上有竞争力的产业大多是集群模式。在经济全球化的今天,产业集群化发展已成为全球性的经济发展潮流,产业集群构成了当今世界经济的基本空间构架①。

作为新兴产业的内容产业,其集群化趋势也非常明显。全球著名的内容产业区,如纽约的 SOHO、米兰的秀场和日本三岛町内容产业区等,都成了地区发展和创新的新源泉和新动力。伦敦、纽约、东京、新加坡、中国香港等经济中心城市也都出现并已成为内容产业的集聚地②。

内容产业也正在成为伯明翰、旧金山等经济中心城市复兴的原创动力。这些内容产业集群的出现与发展的过程中,存有一些共同的特点。这些区域都是在大量专业化的中小企业集聚发展起来的,而且区域内企业之间的专业化程度都非常高,区域内知识和信息的流动速度都非常快,灵活的制度环境和利于创新发展的社会文化环境的发展势头比较好,区

---

① 毕强,韩洁平,赵娜. 信息内容产业的发展机理与发展规律研究[J]. 情报资料工作,2010(2):20-24.

② 韩洁平,毕强. 数字内容产业研究与发展[J]. 情报科学,2009(11):1741-1746.

域内的经济增长速度非常快①。目前,我国北京、上海、广州等大城市都已出现了一些内容产业集群。北京 2006 年斥资 5 亿元建设文化创意产业区,形成 798 艺术区等多个内容产业集聚区。上海内容产业区在 2005 年年底已挂牌 36 家创意产业区。此外,杭州、南京、深圳、广州、长沙、武汉、大连、青岛、成都等各大城市都纷纷设立内容产业园区发展内容产业。尽管目前各地已形成多个内容产业集聚区,但是这些集聚区尚未形成规模,与国际上一些发达国家相比,无论是硬件环境还是软件环境,差距较为明显,迫切需要政府加强规范、引导及政策上的扶持。因此,如何发挥文化资源优势,构建内容产业集群与创新服务体系,完善和优化内容产业发展的内部与外部环境,发挥集群效应,打造并完善内容产业链,形成新的产业发展群落,是目前发展中的一项迫切而艰巨的任务,也是亟待研究的问题之一,同时更是文化艺术管理体系中需要完善的重要一步。

8.2.2　数字内容产业集聚的原因

数字内容产业集群现象的出现是一种必然的现象。它是市场对资源配置的一种结果。但是创意产业集群的形成并不是一朝一夕的事情,它需要在多种因素的综合作用下才能形成。即便是政府主导型的产业集群,也需要当地有相当规模的企业的存在。

理论上,所有的形成因素可以独立地促使数字内容产业集群的产生,但实际上客观环境的复杂性,决定了我国数字内容产业集群的形成并不是由某一因素引起的,而是多种因素共同作用的结果。我国数字内容产业集群的形成过程,除了受到规模经济、技术、资本的明显影响外,还会直

---

① 毛利青. 创意产业区发展的区域创新网络机制研究[D]. 同济大学硕士学位论文, 2007:33-38.

接或间接受到分工、政府、传统产业、经济发展水平等因素的影响①。

（1）分工与内容产业集群的萌芽。

很多研究都认为，集群的产生是伴随着分工以及专业化的发展而诞生的②。没有分工也就没有集群的产生。以传媒业为例，假如没有记者、技术支持者和广告部门，就没有传媒业本身。我们假定，一家大型的传媒集团在某一个特定的区域内成立的话，那么传媒集团的发展需要广告制作公司和传输渠道等多个环节的支持，这些环节自然而然地向一起聚集，从而更加密切联系、共同发展。这说明，分工具有自我繁殖的功能，它可以内生地产生一些新市场，即分工具有可以不断积累、自我繁殖的增长机制，它还可以促进成本——收益比不断下降，促进经济活动的效率不断提升，进而促进内容产业集群的产生。

（2）政府对数字内容产业集群的影响。

同中央政府相比，地方政府的行为更具有现代经济学意义上的"经济人"的某些特征。事实上，在数字内容产业集群的形成与发展过程中，地方政府的影响比中央政府更为直接、更为明显。

地方政府是各数字内容产业集群的直接参与者甚至还是管理者，在积极营造集群的创新环境、提供基础设施等公共物品、有效规范地方市场行为以及挖掘区内潜在创新资源方面，发挥着不可替代的作用。我国数字内容产业集群的产生有两种不同的类型，第一种是市场型数字内容产业集群（如北京中关村硅谷的形成等）；第二种是政府干预型的数字内容产业集群（如珠江三角洲信息产业群等）。但是不管是哪种数字内容产业集群，其成长与政府作用的发挥密不可分，产业集群的发展离不开政府

① 韩洁平，毕强，赵娜. 信息内容产业集群形成机理分析[J]. 情报资料工作，2009（11）：5-9.
② 林竞君. 网络、社会资本与集群生命周期——一个新经济社会学的视角[M]. 上海：复旦大学出版社，2005：85.

的支持。例如,在中关村,在电子信息产业群成长初期,政府的作用极其微小。随着数字内容产业群的不断发展壮大,当地政府才基于市场经济的原则去营造或提供良好的政策环境。而在珠三角地区,数字内容产业群的产生基本上是中央政府和地方政府产业政策设计的结果,出台一系列优惠政策,吸引众多企业聚集在该区域,数字内容产业群开始形成。

（3）传统产业对信息产业集群的支撑。

数字内容产业与传统产业是一种相互依存、相互促进的关系,信息产业为传统产业的改造提供着技术保证,可以带动其他相关产业的进一步发展。传统产业通过电子化、信息化,为信息产业的发展提供了新的发展方向,为信息产品提供了不断扩大的市场,刺激了数字内容产业的技术开发与应用,促进了数字内容产业集群的优化和升级。上海、天津、福建等沿海地区的商业历史悠久,国际贸易交往频繁,雄厚的传统产业基础为数字内容产业的发展提供了大量的资金、人才、技术和政策环境。相反,我国西部经济基础薄弱,吸引外来资本和人才的能力不足,严重制约着数字内容产业集群的产生和发展。

（4）经济发展水平对信息产业集群的影响。

我国数字内容产业集群的现状是我国经济发展不平衡的反映,东部沿海地区经济发展速度快,信息化水平高,在资金、技术、人才方面积累了先天性优势,而中西部地区经济基础薄弱,信息基础设施落后,信息意识缺乏,信息获取能力低,资金、技术分散,与发达地区的"数字鸿沟"十分明显,并有扩大的趋势,因此数字内容产业难以集中研究、开发并形成规模经济。随着"西部大开发"和"中部崛起"政策的施行,国家投资战略重点开始向中西部转移,国家会逐步加大对中西部的投入,社会资本也开始在中西部聚集,中西部的数字内容产业研究开发和产业优势正在形成。

§8.3　数字内容产业集聚的机理分析

8.3.1　数字内容产业集群形成过程

（1）产生阶段。

在这个阶段,由于人力资源、科技资源、区位优势等各种有利条件和因素已经具备或者开始形成,少数信息企业开始进入特定区域,从事信息产品的生产和提供信息服务。但是,在产生阶段信息企业数量少且大多是独立经营,还没有形成品牌或品牌没有号召力,更没有出口能力。企业之间的相互支持与配合较少,产业集群供应链尚未形成,中介服务机构和企业联合组织几乎不存在。

该阶段发展的风险是随着集群规模的扩大,人力资源优势、区位优势逐渐变得不明显,而集群又没有形成完善的本地分工网络,企业就可能转移到其他优势区域,使数字内容产业集群"空心化"甚至消失,集群很可能成为所谓的"飞地"①。此外集群企业间的无序竞争、盲目模仿也可能破坏集群的健康成长。所以,发展数字内容产业集群,政府要采取措施避免过度竞争所致的"柠檬市场",并制定有利于信息产业健康发展的政策法规。

（2）成长阶段。

数字内容产业集群经过产生阶段的发展后,集群内的规模经济效益逐渐显现出来。集群步入行业内的分工和协作阶段,此时该数字内容产业集群进入成长阶段。

---

① 仇保兴. 发展小企业集群要避免的陷阱——过度竞争所致的"柠檬市场"[J]. 北京大学学报(哲学社会科学版),1999(12):25－29.

成长阶段内企业之间的竞争更加激烈,那些实力甚强的大企业继续扩大规模,而实力较弱的企业不甘心就此退出集群,为了避开与大企业的正面冲突不得不实行差别化经营,包括产品差别化和生产活动差别化,即数字内容产业集群横向分工和纵向分工。尽管企业以产品差异化进行的横向分工在集群第一阶段就可能存在,但不是多数企业的主要活动。集群纵向分工包括集群企业产业内分工与集群发展所需的上下游产业间分工,后者在集群发展的第一阶段就已经存在,但同样受到限制。集群规模的壮大为集群产业内两个方向的分工发展提供了市场机会,而分工和协作关系直接导致集群的成长,是产业集群成长的必要条件。同时,信息产业规模扩大,产量迅速增加,产品市场份额、品牌形象和普及率迅速提高。

(3)成熟阶段。

在成熟阶段,数字内容产业集群内企业创新能力增强,生产过程和产品走向标准化,集群对区域经济影响作用大。数字内容产业供应链体系逐步配套和完整,相关企业彼此既竞争又合作,形成复杂、稳定、密切的本地企业网络。在这个阶段,集群内出现一些在国际上具有竞争力的龙头企业,群内企业和群外企业的合作和联系日益频繁。在成熟阶段,数字内容产业集群的规模和产量巨大、产业集中度高、产品占国内市场份额大、技术达到国际先进水平。另外,集群内产品大量对外出口,产品占国际市场份额较大,集群作为整体加入到全球价值链当中,逐步融入全球性竞争。

如图 8 – 3 – 1:

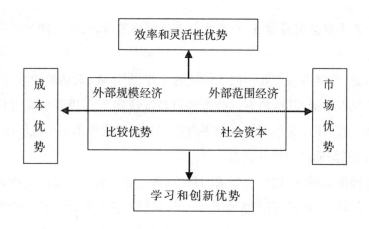

图 8 - 3 - 1　数字内容产业集群成长的动力系统结构

8.3.2　数字内容产业集群形成影响因素

产业集聚的本质是规模经济和范围经济共同作用的过程,规模经济导致经济集聚产业点,再加上范围经济产生集聚产业区,规模经济和范围经济共同作用产生经济集聚核心区①。

韦伯把传统制造业集群总结为四个方面的因素。一是技术设备的发展。随着技术设备专业化整体功能的加强,技术设备相互之间的依赖会促使工厂地方集中化。二是劳动力组织的发展。韦伯把一个充分发展的、新颖的、综合的劳动力组织看作是一定意义上的设备,由于该组织也十分"专业化",因而促进了产业集群化。三是市场化因素。韦伯认为这是最重要的因素。产业集群可以最大限度地提高批量购买和出售的规模,获得成本更为低廉的信用,甚至"消灭中间人"。四是经常性开支成

---

①　徐康宁,冯春虎. 中国制造业地区性集中程度的实证研究[J]. 东南大学学报(哲学社会科学版),2003(13):210 - 213.

本。产业集群会引发煤气、自来水等基础设施的建设,从而减少经常性开支成本。①

但是,数字内容产业不同于传统的工业、制造业,对运输成本、自然环境等依赖程度低,其所特有的技术经济特征决定了在集群形成过程中有着独特因素,并且这些因素对数字内容产业集群的作用大小也不相同。

(1)利润驱动与区位选择。

从理论上讲,一切生产要素的聚散、重组都是为了以最小的投入创造最大的收益,就是说,任何企业都有一种向能够获得收益最高的地理位置流动的倾向。收益的差别构成了流动的动机,而流动的结果抹平了收益的差距,因而,收益是影响企业流动的主要因素。事实上,经济学家们在这一点上已达成共识,即企业集聚的主要动因在于通过不断追求短期利益以获得长期利益,实现长期利益最大化。

数字内容产业集群和传统产业集群一样,集群内企业都是以盈利为目标的。内容产品的特征是科技含量和价格都比较高,因此,更注重按需生产。由产品与用户相互关系决定的市场特征成为数字内容产业区位的考虑因素。如果产品具有世界市场,那么对高水平电子通信网络和道路运输的易达性就成为产业区位选择和确定的一个主要因素。如果产品市场具有独特性,即为特殊用户生产、在产品的使用和保养等方面要与用户保持持续的联系,那么,空间接近就成为产业区位选择的必要条件之一,即选择接近消费者的区位。因此,在进行数字内容产业区位选择时,应通过分析产品与消费者的关系,确定产品市场的特征,然后再确定产业的区位②。

---

① Han Jieping. The research and progress of global digital content industry, ISBIM 2010:2010 Second International Seminar on Business and Information Management, Wuhan, September 13 – 14,2010[C]. HongKong:2010:74 – 79.

② 李晓鹏,孙建军. 现代内容产业及其产业模式探析[J]. 南京大学信息管理系,2008(3):8 – 12.

124

（2）以信息企业为核心的产业链。

无论是技术创新还是公司运作都不是在真空中运行的,数字内容产业集群的形成往往是在一个产业链上进行。例如联想公司把电子产品行业中的生产外包给制造企业,而公司主要负责方案设计、咨询、营销和组装。通过技术或者社会网络将大小信息企业连接在一起,从而形成一个长期合作关系。这种链结构保证了企业间合作的信任,并且减少了采购与生产的风险和成本。

数字内容企业强调产业链,主要好处在于缩短产品生命周期、节约成本和生产成本、注重核心竞争力等。集群网络内的企业注重各自的核心技术,组成一个以某一企业为核心的产业链。正是产业链的存在,才可能促使企业在某一地域集聚,从而促使了数字内容产业集群的形成①。

（3）风险投资等资金的可获得性。

数字内容产业的发展,在很大程度上依赖于创新产品的提供,而创新产品的产生在很大程度上依赖于风险资本的投入。因此,能否获得风险资本,以及风险资本投资机构的性质和区位,成为数字内容产业选择区位的因素之一。风险资本来源于大公司、政府及风险投资公司。通常情况下,大公司的研究与开发机构、大学和科研机构等技术创新信息源最容易获得风险资本。因此,不同类型风险资本与这些创新机构的关系,决定了数字内容产业的区位,从而影响了数字内容产业集群的形成②。

（4）人力资源素质。

人力资源素质是影响数字内容产业集群形成的另一个重要的因素。数字内容产业的生产过程包括了不同的工序或阶段,每一工序或阶段对人力资源质量的要求不尽相同。以知识为基础的研究与设计、先进制造

---

①　张玲,李辉. 基于网络结构的信息内容产业集群式发展机理研究[J]. 吉林大学,2008,26(6):935 – 938.

②　何飞鹏. 数字内容产业的关键变革[J]. 港澳台之窗,2009. 33 – 34.

业、低技能装配和测试,所需的劳动力种类依次为科技人员、技能劳动力和低技能劳动力。

在信息技术产业中,以知识为基础的研究与设计生产阶段因需要大量科技人员,其区位往往趋向高质量劳动力集中的地区装配和测试生产阶段则需要大量低技能劳动力,而这部分人力资源是大量存在、广泛分布的。因此,其区位富有弹性及灵活多变。这时,人力资源成本仍是考虑的因素,对处于中间生产阶段的先进制造业来说,由于对人力资源需求不大,但与第一生产阶段研究与设计的产品有密切联系,所以其区位往往会接近创新中心①。

§8.4 数字内容产业集聚的动力机制模型

数字内容产业集聚的机理是指推动数字内容产业集聚形成与发展的力量结构体系及运行规律具有一定的稳定性和规律性。数字内容产业集聚机理是获取持续竞争优势和推动数字内容产业集聚发展的根本力量。数字内容产业集聚激励包括内在动力机制和外在作用机制。内在动力及信息产业集聚中包含本地资源转化为内生优势;外在作用机制包括政府行为、外部竞争环境等,其作用带来信息产业集聚的外部优势。其动力机制模型如图8-4-1。

---

① 孔翠莲,罗思,余臻. 下一代网络背景下的数字内容产业发展分析[J]. 特区经济,2009:12.

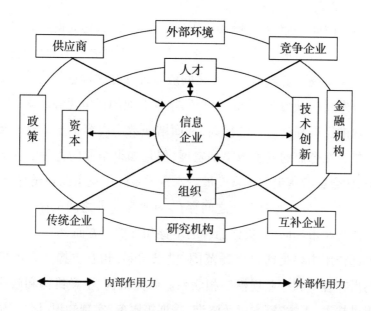

图 8 - 4 - 1 数字内容产业集聚的动力机制模型

企业与上下游的供应商、互补企业、传统企业以及竞争企业之间存在着合作与交流。企业与研究机构、政府及金融机构等存在着知识、信息和资源的交流①。

企业和企业之间的关系分为垂直联系和水平联系,垂直联系是指供应商和用户在产业链上的互动联系,在产业链的上端表现为供应商和生产厂商的垂直联系,双方利用地理上的接近,充分发挥其生产技术和运输系统的作用,减低彼此的生产成本。供应商除了要努力降低原材料和零加订单提高供应商从产品涉及到产品创新和工艺创新的积极性。在垂直联系的产业链末端,就是生产商和用户之间的联系,生产商为用户提供需求服务,用户为生产商提供进一步的需求信息,促使生产商改进工艺和产品创新。在需求市场,不仅仅是价格上的竞争,更重要的是质量和多样性

---

① 王文平.产业集群中的知识型企业社会网络:结构演化与复杂性分析[M].北京:科学出版社,2009:137 - 145.

上的竞争。因此,生产商要增加和用户的互动关系,建立良好的客户关系系统。企业之间的水平联系是指知识、信息在水平方向上的传递和扩散,表现为产品市场上的竞争。企业之间应该处理好这种竞争关系。竞争是企业持续发展的动力,竞争促进创新,增加企业的竞争优势。竞争环境会激励企业的发展和竞争力的提高,从而增强数字内容企业集聚的整体竞争力。集聚在企业的竞争中得到发展,但是如果企业的竞争演变为过度的竞争,就会影响集聚的正常发展。水平关系除了竞争以外还有合作,这种合作关系,不仅在互补企业之间存在,在竞争企业之间也存在。这种关系主要体现在市场同创、集体品牌的培育和维护等方面①。

外部作用主要是通过市场范围、供求关系、相互支撑产业的完备性市场的潜在容量和产业规模等相联系。研究机构、金融机构和政府等为企业提供技术、人才、资本以及咨询、培训等服务,实现知识、信息、资源的流动和传递。研究机构不断地为数字内容企业提供新的知识和技术以及对企业中的人员进行培训,而且研究机构可以和数字内容企业一起进行合作研发,为企业的技术改造和升级提供切实可行的方案。政府虽然不直接进行技术创新,但它可以为数字内容企业提供良好的环境,给与政策保证和优惠支持。金融机构可以为数字内容企业提供资金,金融机构往往也存在集聚,区域内的金融机构、创新基金和风险投资机构等可以为数字内容企业提供金融资本,金融资本直接影响到创新活动的产生与增值过程。

从数字内容产业集聚的外在作用力来看,政府行为、外部竞争等也会影响数字内容产业集聚动力机制的发展和完善。产业集聚在形成之初,基本上都是企业的自发行为。在数字内容产业集聚的雏形出现以后,地

① Han Jieping. The Research of Information Content Industry Developing Mechanism and Regularity,ICIII2010:The 2010 International Conference on Energy Sources and Smart Grids Development,Kunming,September 10,2010[C]. 2010:136 – 147.

方政府往往都会积极参与、热情扶持,政府的支持加快了数字内容产业的聚集①。

　　总而言之,当我们了解了数字内容产业集群与产业集聚的相关概念之时,在分析数字内容产业集聚原因的基础上,对数字内容产业集群的形成过程、影响因素和集聚机理分析过后,对数字内容企业通过人才、技术、资本和市场的因果反馈作用,以及为数字内容产业集聚的发展提供支持和高水平的相互作用是数字内容产业集聚的主要推动力的结论。

　　现今世界上最为先进的创意及数字产业发展最好的国家——英国,无论是名称和内容的界定,还是所涵盖的领域,都完全突显了英国特色,表达了英国对这一朝阳产业的独到看法(多数国家—文化产业)。

　　特别是 2009 年 6 月 16 日由 DCMS 和 BERR 共同发布的《数字英国:最终报告》②,这是到目前为止,英国政府对数字时代出台的最为严肃的政策努力,报告多次提及其他国家在数字技术和基础设施方面的投入,特别是美国、日本和澳大利亚在宽带方面的投入。报告探讨三个重要议题:增强数字参与力度、建设新的通信基础设施、更新相关的法律法规架构。

　　文化艺术管理体系是文化创意产业政策重要的实施渠道和途径,它所执行的不仅仅是经济政策、社会政策,更重要的是文化艺术的管理体系涉及身份、艺术等方方面面。有鉴于此,英国政府现在更希望借助文化产业去发展社会,而并不仅仅是经济增长。

　　文化产业的发展需要政策的持续性和稳定性的影响,英国各类专业

①　Han Jieping. The Formation Mechanism Analysis of Information Content Industry Cluster, ISQNM 2010:2010 International Symposium on Quantum, Nano and Micro Technologies, 2010[C]. NewYork:2010:158 – 167.

②　熊澄宇,世界文化产业研究[M]. 清华大学出版社,2012(3):117.

咨询机构从各个角度、各个层面分析创意产业的发展状况，为政府、企业和个人提供专业的数据、咨询或培训，无论是政策制定、投资选择、人才培养，都离不开各类专业机构提供的服务。

中国文化产业发展同样需要利用各类资源的充分参与。

第九章

数字内容产业与未来文化艺术管理体系建设

数字内容产业包含所有数字内容产品和服务的设计与生产、宣传与销售等,而且综合、分解或融合了许多原有产业的形态。随着环境的变化与发展,它还需要进一步地重新整合或重新专业化分工,形成新的产业链环节,才有可能突显新型产业的竞争优势。

数字内容产业实际上是一个庞大的产业集群,涉及数字内容产品生产、交易、传输、技术支持、服务等多个环节。集群式发展是产业的一个特点。

数字内容产业中"内容"是主要的驱动力和最重要的资产,内容产业将被"需求"驱动,而不是被技术驱动。终端用户才是最终服务的决策者,而不是以政府为主导的引导者,内容在数字产业中处于核心地位。同时,在网络宽带互联、网上安全交易、资源共享等诸多领域需要令人满意的技术解决方案。内容产业的发展既需要内容,也需要技术,有时还需要配套的产品或服务支持,形成多元支撑的格局,这是数字内容产业新的发展范式①。

目前,全球一些发达国家的数字内容产业链的成长已经接近于成熟阶段。首先,产业链一般较长且成熟稳定,各环节规模大,发展较均衡,相互

---

① 彭祝斌. 中国电视内容产业链成长研究,湖南大学博士论文,2008 – 2 – 16;88 – 92.

131

之间衔接也很紧密,产业链结构完善,跨国企业甚至是垄断企业数量多且实力强;其次,产业创新能力、生产能力强大,产业资本密集、人才密集,盈利模式和利润来源渠道多。因而,产业链的成长和壮大具备了坚实的基础。

与发达国家相比,发展中国家的数字内容产业链的成长尚处于成形至成熟阶段之间。一方面,产业链较短,各环节规模偏小,发展也不平衡,相互之间衔接得亦不够紧密,龙头企业数量少,产业链结构显得不完善,这些都表明数字内容产业链的发展还未成熟;另一方面,产业创新能力、生产能力不足,产业资本运营水平低,资金缺口大,人才短缺,产业盈利模式和利润来源少,龙头企业缺乏竞争优势。因而,产业链的成长和壮大仍显得缺乏坚实的基础①。

产业链成长的基础是产业链的形成,而产业链的纵向延伸和横向整合则是产业链成长的关键。尽管产业链相关理论已经比较成熟和完善,但数字内容产业链的有关理论尚未构建起来,特别是有关数字内容产业链形成、成长机理、发展趋势的有关理论尚未有人述及②。因此有必要的是在具体运用这一理论之前应当认识及弄清其特殊性及其构成原理,对下一步的正确使用有着鲜明的指导意义和加深运用价值的可能性。

§9.1 文化艺术管理在数字内容产业链中构成与分布

9.1.1 数字内容产业链特殊性

(1)信息流与物流具有同质性。

传统产业链控制的对象是信息流、物流和资金流。对于数字内容产

---

① 刘陆军. 数字内容产业特征、现状和发展策略的研究[D]. 武汉:华中师范大学,2006:35 – 39.

② 邵昶. 产业链形成机制研究,中南大学硕士论文,2005 – 6 – 30:47 – 51.

业来说,它的物流也是通过计算机和网络产生并进行传播的,因此数字内容产品实际上也是数字信息,与信息流同样具有同质性。这不但模糊了数字内容产品和需求信息的界限,加大了区分难度,而且对信息安全控制技术提出了更高的要求。

(2)上下游环节具有可逆性。

数字内容产业链的上下游环节并不是绝对的。传统产业链上的各个环节是一个线性流程,前后联接,通常不可逆转,但是在数字内容产业中,下游组织如数字图书馆可以为上游的数字内容生产机构如出版社等反向提供参考咨询服务,所以产业链能够表现为双向网状链接结构。

(3)中间环节具有可跳跃性。

由于互联网的普及和便捷,形成了数字内容产业的网状链接结构,产业的中间环节存在可跨越性,即数字内容的生产者可以和内容消费者进行直接的沟通,相互交流数字内容产品和需求反馈。这也就要求中介服务机构更加注重自己环节的增值性,以吸引数字内容产品用户,提供更好的服务。

数字内容产业是一个以内容创意为核心、以数字化内容为主要表现形式的新型产业群。它是基于信息技术,由内容制作、内容服务、内容渠道等行业中的企业协作来实现产业价值的综合性产业群体,是信息服务业中最具活力和创造力的部分,通常具有较长的产业链,同时又具有较强的价值增长带动性[①]。

9.1.2 数字内容产业链构成中文化艺术管理体系分布

(1)数字内容产业链的概念。

由于国内外学术界对于产业链的含义至今尚未达成统一共识,因此

---

① 赖茂生,闫慧,龙健. 论信息资源产业及其范畴[J]. 情报科学,2008(4):481-490.

对于数字内容产业链的概念也未达成认识。大多数学者认为完整的数字内容产业链一般由五大环节组成,即内容素材—数字内容—网络服务—集成传输服务—接收终端。数字内容产业也不是一个狭窄的产业,它是一个由生产、传输和销售数字内容产品和服务的企业群形成的产业链①。

数字内容产业链分布如图9–1–1所示:

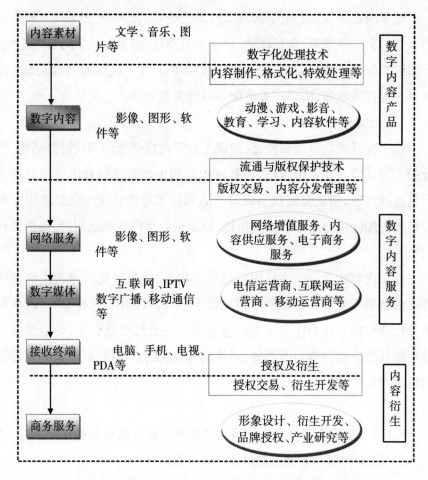

图9–1–1 数字内容产业链分布图

---

① 罗海蛟. 发展数字内容产业是国家级的战略决策[J]. 中国信息界,2010(3):25–28.

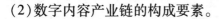

（2）数字内容产业链的构成要素。

在产业链的概念和内涵中，产业链的构成要素是最基本的组成内容。由于数字内容产业基于传统的信息产业和文化产业，核心竞争力来源于内容的创意与设计，以网络基础设施为传播平台，国家政策、法律法规为导向，在市场机制的作用下，构建了数字内容产业发展的条件或环境，也决定了数字内容产业发展规模与速度①。

数字内容创意、策划、生产、包装、广告、营销乃至推广，还包括数字内容产业中投资、研发、生产、销售和衍生产品开发以及配套服务，这些都是数字内容产业链的基本环节和要素。这些环节和要素都是数字内容产业链不可缺少的组成部分。因此，本书最终论述的结论认为一个完整的数字内容产业链（见图9－1－2）应该包括数字内容市场调查、内容创意、内容生产、内容交易、内容播出和衍生产品开发六大环节，资金、人才、政策法规和网络基础设施作为生产经营要素参与每一个环节的运作，而不应该是单独作为产业链上的一个环节。

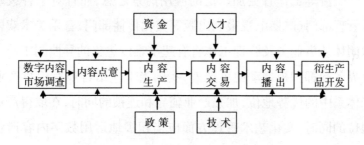

图9－1－2　数字内容产业链结构图

我国文化艺术管理在2007年前被称为文化管理，其研究内容包括：当代中国文艺体制改革研究、文化法制建设研究、文化市场研究、文化经

---

① 谢友宁,杨海平,金旭虹. 数字内容产业发展研究[J]. 图书情报工作,2010(12):16－19.

济政策和文化产业研究、文化艺术信息化建设研究、社会文化建设研究、文化人才管理与开发研究、中国图书馆建设研究、外国演出、展览市场研究、网络文化现状及发展趋势研究十个部分。目前的就业方向主要分布于电视电影界、编导、编剧、制片人,新闻界、记者、编辑以及各有关单位宣传、组织等文化市场。

数字内容产业是以知识经济为基础的新兴产业,产业内容涉及多项领域,包括动画、游戏、影音、数字学习、软件、通信应用等信息资源产业均可涵盖到我国现今的文化艺术管理当中来,以及延伸到各项产业的整合和传统产业的数字化。对于数字产业的发展,具有发展知识经济的重要意义的同时,文化艺术管理的并入在可促进传统产业转型成高附加值产业、提升整体产业竞争力的同时,对文化艺术管理学与其他学科相互交融,培养既懂艺术又懂经营管理的延伸型新型文化艺术管理专门人才将有重要现实意义。不仅能驾驭当代文化艺术事业与文化产业管理、艺术品经营、文化市场运作、文化艺术项目策划、演艺与演出经纪、出版策划和中外文化交流等工作有更加广泛的应用前景之意,而且对于各级政府文化艺术管理部门、广播电视报刊出版等文化传播部门、音乐美术戏剧影视等艺术团体从事业务及管理工作将有超乎难以想象的异曲同工。

世界各国都积极推动此项产业,我国当下应结合现有信息产业在全球生产体系中的优势地位,加强产业辅导和连锁的同时,在取得产业发展领先地位的同时,文化艺术管理方面应当积极地运用数字内容产业链的理论发展和壮大管理机制。

§9.2　文化产业背景下中国数字内容产业发展途径

9.2.1　信息技术在数字内容产业的发展过程中的重要作用

信息技术是数字内容产业发展的直接动力,信息技术促进了技术创新,技术创新导致了数字内容产业组织和结构的变化,数字内容产业组织和结构的发展推动了数字内容产业系统的发展。反之,在数字内容产业系统不同的发展状态或不同的阶段,数字内容产业组织和结构同样影响着信息技术的创新模式和路径①。

现代信息服务业可分为信息传输、信息技术和信息内容服务。信息内容服务以数字内容产业为主,其已成为推动世界经济发展的新兴产业。数字内容产业是指将文字、图像、视频、语言等各种信息数字化并通过网络或其他方式提供给用户,以满足其多方面需求的产业②。目前我国国民经济分类中还没有单独划分出数字内容产业。数字内容产业相关内容分散在"电信和其他信息传输服务业""新闻出版业""广播、电视、电影和音像业""文化艺术业"等相关行业中。随着信息传输网络的完善,传输内容的重要性逐渐凸显,并逐步形成一个单独的产业。数字内容产业作为快速发展的新兴产业,产业范围随着信息技术的进步,还处于不断发展中。

9.2.2　中国数字内容产业结构内容分析

根据数字内容产业的定义、内涵、现有的产业分类系统以及产品同一

① 赖茂生,闫慧,龙健. 论信息资源产业及其范畴[J]. 情报科学,2008(4):481-490.
② 韩洁平. 电子商务基础概论[M]. 长春:吉林科技出版社,2009:110-112.

137

性、产业规模和生产同一性分析,构成数字内容产业的基本架构的是以下以文化艺术管理体系相关的子产业:数字出版业、数字广播电视业、数字电影业、通信增值服务业、网络游戏业、内容软件业、动漫产业、数字学习业、网络广告业、数据处理等产业。

这些产业与我国国家统计局制定的《国民经济行业分类表》(GB/T 4754 – 2002)、《统计上划分信息相关产业暂行规定》和《文化及相关产业分类》的对照情况如表9 – 2 – 1所示①。

(1)影响因子的确定。

在数字内容产业演化中,信息技术、国民经济发展、科学研究与发展、信息人才、信息政策和国外的发展对我国数字内容产业的演化有重要的作用。具体的中国数字内容产业影响因子如表9 – 2 – 2所示②。

表9 – 2 – 1　产业对照表

产业名称	与《国民经济行业分类表》对应的行业名称	GB/T 4754 – 2002 分类代码
数字出版业	音像制品出版、电子出版物出版、其他出版	8824、8825、8829
数字广播电视业	广播、电视、有线广播电视传输服务、无线广播电视传输服务	8910、8920、6031、6032
数字电影业	电影制作与发行、电影放映、音像制作	8931、8932、8940
通信增值服务业	固定电话增值服务、移动电信增值服务、其他电信增值服务	6011、6012、6019

---

① 毕强. 信息内容产业的发展机理与发展规律研究[J]. 情报资料工作,2010(2):20 – 24.

② 韩洁平. 信息内容产业集群形成机理分析[J]. 情报资料工作,2009(11):5 – 9.

产业名称	与《国民经济行业分类表》对应的行业名称	GB/T 4754－2002 分类代码
网络游戏业	互联网信息服务	6020
内容软件业	应用软件服务（图书、地图软件制作）、其他软件服务	6212、6290
动漫产业	其他专业技术服务（专业的电脑三维动画设计活动）	7690
数字学习业	其他未列明的教育	8499
网络广告业	广告业、其他互联网信息服务	7440、6020
数据处理与数据库业	数据处理、互联网信息服务	6120、6020
咨询与调查业	市场调查、社会经济咨询、工程管理服务（工程咨询）、其他计算机服务（计算机咨询）、房地产中介服务（房地产咨询）、律师及乡广的法律服务（律师咨询）、职业中介服务（劳动就业与职业咨询）、广告业（广告咨询）、旅行社（旅游咨询）、科技中介服务（科技咨询）、其他专业咨询	7432、7433、7671、6190、7230、7421、7460、7440、7480、7720、7439
代理业	贸易经纪与代理	6380

第二编 数字内容产业

表9-2-2　中国数字内容产业影响因子

影响数字内容产业发展的因素	国民经济发展	GDP
		劳动生产率
		全要素生产率
		第一产业增加值
		第二产业增加值
		第三产业增加值
	信息技术	邮电业务总量
		计算机拥有量
		电视覆盖率
		报刊图书杂志的印张总数
	科学研究发展	R&D 人员、经费支出、科学家与工程师
		专利受理数、科研成果数
		成交合同数、成交合同额
	信息人才	每百人在校大学生数
		技术人员数
		科技互动人员数
		信息劳动者人数
	信息产业政策	科技拨款占财政支出的比例
		R&D/GDP
		科技经费支出占 GDP 的比例

（2）影响因素分析。

通过对数字内容产业的研究可以发现，R&D 和信息资源的利用对数字内容产业发展影响最大，R&D、技术创新、信息技术和全要素生产率对数字内容产业影响较大，尤其是 R&D 和信息技术严重制约着我国数字内容产业的发展①。

信息产业政策在推进中国数字内容产业创新发展方面影响很大。一

①　姜宏波,韩洁平 . 电子商务概论［M］. 北京:清华大学出版社,2009:67 - 69.

方面是表现在国家政策推进的创新上,比如,2010 年来国家在大力推进三网融合相关的政策与实施,这些就会为与影视动漫相关与新型互联网应用的数字内容产业创新提供良好的环境;另一方面是经济创新,在绿色与环保主题下推进经济快速健康发展,为数字内容产业发展提供创新动力与需求环境。国家加强了文化创意产业与数字内容产业相关政策力度。

2010 年 8 月,国家出台了《关于加快我国数字出版产业发展的若干意见》,对于数字出版产业的定义、总体目标、产业发展保障措施进行了描述,对于加快我国数字出版业发展具有重要的意义,也是近年来我国在数字内容产业发展领域的又一项重要决策。

从国民经济发展来看,中国的信息产业结构在宏观调控和微观调整中逐渐走向合理化和统一化,GDP 和劳动生产率平稳提升,继续以较大的优势成为全球互联网网民数量、移动通信用户数量总量最多的国家,我国整体稳定的经济增长环境是数字内容产业成长的宏观环境,而快速发展与迎头赶上的移动通信与互联网产业则是重要的产业环境基础。

从信息技术、信息人才与科学研究发展来看,计算机与移动通信技术、互联网技术、物联网技术与现代的消费电子产品技术成为推进中国数字内容产业创新的重要社会文化与技术环境。从与之相关的 2G、3G、4G(LTE)、云计算、物联网等相关技术角度而言,近年来我国正在迎头赶上,技术创新与世界同步,加之以智能手机、电子(纸)书、平板电脑等产品技术领域的创新与发展,这些都构成了我国数字内容产业创新的技术环境。而与之对应的信息人才培养则成为各高校和科研院所等研究机构的重要任务。

9.2.3 2009—2011 年中国数字内容产业具体增长状况

2008 年,中国数字内容产业保持了较快的增长势头,整体产业规模持续达到 2173.8 亿元,比 2007 年增长了 26.5%(见表 9 - 2 - 3,表 9 - 2

-4)。推动产业快速发展的动力主要来自:

(1)网络基础设施建设加快,宽带网络和移动通信网快速提升,同时,电脑、手机等数字终端设备数量增长,数字技术快速普及;

(2)网民规模和手机用户数量大幅增长,用户对数字内容和服务的接受程度、应用水平;

(3)互联网应用服务趋于成熟,移动增值业务的发展也步入高速增长的轨道,网络游戏、网络广告等业务的成功,充分调动了政府、企业和用户的参与热情;

(4)产业巨大的发展潜力和增值空间,吸引了投资者对数字内容产业的高度关注。

表 9 – 2 – 3 2004—2009 年整体市场规模及 2010 – 2012 年状况

年份	2004 年	2005 年	2006 年	2007 年	2008 年	2009 年	2010 年	2011 年	2012 年
产业规模（亿元）	537.0	849.8	1276.5	1719.1	2173.8	2887.2	3854.4	5014.6	6453.8
增长率	73.0%	58.0%	50.2%	34.7%	26.5%	32.8%	33.5%	30.1%	28.7%

数据来源:CCID 2010,8

根据以上分析,中国数字娱乐产业将会继续保持良好相对平稳的增长态势,到 2011 年,产业规模超过 4000 亿元。

表 9 – 2 – 4 2008—2012 年中国数字内容整体市场规模及 2010—2012 年状况

年份	2008 年	2009 年	2010 年	2011 年	2012 年
产业规模（亿元）	2173.8	2887.2	3854.4	5014.6	6453.8
增长率	26.5%	32.8%	28.4%	30.6%	31.5%

数据来源:CCID 2010,8

从产业结构上看,目前,中国数字内容产业已初步形成以互联网数字内容、数字影音动漫、移动数字内容服务为主,数字教育、数字出版等市场快速发展的产业格局。其中,移动数字内容服务所占比重最大,其次为互联网数字内容服务。

　　2009 年,互联网数字内容服务整体规模占21%,网络广告、网络游戏和搜索引擎成为市场增长的主要动力;移动数字内容服务规模达到59%;数字影音动漫规模达到16%。2009 年中国数字内容细分市场规模见表9－2－5 所示。

表 9－2－5　2009 年中国数字内容细分市场规模

2009	移动数字内容服务	互联网数字内容服务	数字影音动漫	其他
市场份额	59%	21%	16%	4%

数据来源:CCID 2010,8

　　预计未来几年,在产业结构方面,移动数字内容依然占据最主要的地位,这是因为移动数字内容盈利模式简单且利润高;而互联网数字内容,尽管拥有更加丰富的形式和内容,却缺乏较好的盈利模式。因此,注重商业利益的互联网数字内容提供商将会转移重心至移动数字内容,从而更进一步带动移动数字内容的发展。同时,数字影音动漫业会有更大的进步,并逐渐进入规模化增长的阶段。2012 年中国数字内容产业市场结构预测见表9－2－6 所示。

表 9－2－6　2012 年中国数字内容产业市场结构

2012	移动数字内容服务	互联网内容服务	数字影音动漫	其他
市场份额	54%	25%	15%	6%

数据来源:CCID 2010,8

　　庞大的互联网用户规模是互联网数字内容服务发展的重要基础。2008 年后中国互联网用户规模达到 2.98 亿人,比 2007 年增加量达到了8800 万人,同比增长了41.9%,继续保持了迅猛的增长势头,超过美国成为全球目前网民人数最多的国家,如表9－2－7 所示。

表 9－2－7　2004—2009 年中国网民规模增长情况

年份	2004 年	2005 年	2006 年	2007 年	2008 年	2009 年
网民规模(百万)	94	111	137	210	298	384
增长率	–	18.1%	23.4%	53.3%	41.9%	28.9%

数据来源:CCID 2010,8

在用户规模快速增长、用户互联网应用行为不断成熟的带动下,互联网内容服务发展迅速。2008 年,互联网数字内容市场规模达到 452.7 亿元,增长率为 40.0%,保持了较快的增长势头,如表 9－2－8 所示。

表 9－2－8　2004—2009 年中国互联网数字内容市场规模增长情况

年份	2004 年	2005 年	2006 年	2007 年	2008 年	2009 年
市场规模(亿元)	109.7	151.5	211.4	323.3	452.7	597.8
增长率	37.2%	38.1%	39.5%	52.9%	40.0%	32.1%

数据来源:CCID 2010,8

从细分市场格局上看,2008 年,网络游戏在互联网数字内容领域的占比达到 40.6%,成为最成熟的商业模式;即时通信市场的发展逐渐趋缓,份额稳中略降至 14.2%;搜索引擎进一步得到中小企业的认可,市场规模呈现较快增长;网络视频、博客、播客等一些新兴应用迅速普及,尽管规模不大,但未来增长势头强劲。

表 9－2－9　2009 年中国互联网数字内容市场结构

2009	网络游戏	网络广告	即时通信	搜索引擎	电子邮件	音乐彩铃	其他
市场份额	43%	22%	13%	11%	3%	1%	7%

数据来源:CCID 2010,8

(5)文化艺术管理体系下的数字影音动漫艺术。

数字影音动漫艺术是数字内容产业影响面最广、发展潜力最大的业务领域。目前,主要包括数字电视及相关内容和动漫内容两块业务。

2008 年在产业链各环节的共同努力下,中国数字影音动漫市场规模达到
349.8 亿元,增长率为 38%,如表 9-2-10 所示。

表 9-2-10　2004—2009 年中国数字影音动漫市场规模增长情况

年份	2004 年	2005 年	2006 年	2007 年	2008 年	2009 年
规模(亿元)	72.5	119.0	193.3	253.5	349.8	472.2
增长率	79.9%	64.1%	62.5%	31.1%	38.0%	35.0%

§9.3　中国数字内容产业对文化艺术管理影响因素

与前几年相比,中国数字内容产业的整体盈利状况在 2008 年有明显
提升。

2008 年,产业投资的关注度明显向文化艺术领域转移。如 2002—
2009 年中国网络游戏市场规模及其增长情况见表 9-3-1 所示。

表 9-3-1　2002—2009 年中国网络游戏市场规模及其增长情况

年份	2002 年	2003 年	2004 年	2005 年	2006 年	2007 年	2008 年	2009 年
市场规模(亿元)	10.2	17.8	27	40.7	65	113.5	183.8	257.5
增长率	213.8%	74.5%	51.7%	50.7%	59.7%	74.6%	61.9%	40.1%

中国付费网游用户数量及其增长率见表 9-3-2 所示。

表 9-3-2　中国付费网游用户数量及其增长率

年份	2002 年	2003 年	2004 年	2005 年	2006 年	2007 年	2008 年	2009 年
付费用户数(万)	1069.7	1327.7	1471.1	1602	1781.5	2300	3104	3735
增长率	25.6%	7.3%	6.4%	8.9%	11.2%	29.1%	35.0%	20.3%

数据来源:CCID 2010,8

2005—2009 年中国数字音乐市场规模及其增长情况见表 9 - 3 - 3 所示。

表 9 - 3 - 3　2005—2009 年中国数字音乐市场规模及其增长情况

年份	2005 年	2006 年	2007 年	2008 年	2009 年
市场规模(亿元)	40.8	54.1	65.6	87.3	107.3
增长率	58.10%	32.60%	27.90%	33.08%	22.91%

数据来源:CCID 2010,8

2005—2009 年中国手机游戏市场规模及其增长情况见表 9 - 3 - 4 所示。

表 9 - 3 - 4　2005—2009 年中国手机游戏市场规模及其增长情况

年份	2005 年	2006 年	2007 年	2008 年	2009 年
市场规模(亿元)	13.0	24.3	38.5	78.1	105.8
增长率	—	86.9%	58.6%	102.6%	35.5%

数据来源:CCID 2010,8

2004—2009 年中国原创电视动画生产规模及其增长情况见表 9 - 3 - 5 所示。

表 9 - 3 - 5　2004—2009 年中国原创电视动画生产规模及其增长情况

年份	2004 年	2005 年	2006 年	2007 年	2008 年	2009 年
电视动画片总量 (万分钟)	2.4	4.3	8.2	10.2	14.6	17.2
增长率	—	79.4%	89.7%	24.4%	43.5%	17.4%

数据来源:CCID 2010,8

中国电纸书设备 2010—2012 年市场规模预测见表 9 - 3 - 6 所示。

表 9-3-6　另附:中国电纸书设备 2010—2012 年市场规模预测

年份	2010 年	2011 年	2012 年
市场规模(亿元)	42	75	109
销售量(万部)	215	430	680

数据来源:CCID 2010,8

9.3.1　影响因素之地方政府引导

产业集群效应明显,数字内容产业作为现代信息服务业的重要组成部分,得到了各地方政府的高度重视,各地纷纷在税收、人才引进方面给予优惠政策,并组建产业基地和园区来推动数字内容产业的发展。目前,在各地方政府差异化的政策引导之下,产业集群的效应已经初步显现出来,各地都呈现出一些不同的发展特点。

广州:中国互联网最活跃的市场。广州的数字内容产业在数字影视、数字娱乐、数字图书馆、数字媒体、网上教育等领域均有长足发展,尤其在网络游戏、数字媒体等方面,以网易为代表的数字内容企业市场地位大幅提高。

苏州:动漫产业发展迅速,苏州形成了泰山动画、宏广、宏扬、蜗牛电子、园区动码等一批具有一定规模的动漫企业。2005 年 7 月,苏州成立了"国家动漫产业基地"。

深圳:深圳通过为海外代工动漫为起点,逐步拥有了原创和研发能力,成为中国动漫产业发展领先的地区。此外,以腾讯为代表的深圳互联网企业,在网络游戏、无线增值业务方面都具有一定优势。

9.3.2　影响因素之重大事件带动

2008 年对中国是不平凡的一年,从年初雪灾,到汶川地震,再到奥运会举办,发生了很多重大的事件。在针对这些事件的相关报道和活动中,内容产业显现出巨大的影响力。

　　一方面,在资讯、新闻的报道中,互联网门户和移动门户网站成为反应最快、信息最全面的渠道,信息传播效率远远高于其他媒体,同时,网络视频和手机视频大大丰富了信息传播的形式;另一方面,搜索引擎、即时通信等不仅成为对信息内容集成的重要渠道,还体现出了公益性作用,例如在汶川地震期间,很多搜索引擎网站通过组织专题,帮助网友们搜寻亲人信息,为灾民寻找援助等。在这些重大事件的过程中,互联网和移动内容已经显露出自身的价值。

9.3.3　影响因素之移动互联网发展

　　据不完全统计,目前中国提供 WAP 服务的网站已经达到 10 万个。从移动互联网的服务内容和服务类型上来看,初步服务格局已经形成。

　　一方面,与传统 PC 互联网类似的,移动门户、移动搜索、手机游戏、移动 IM 和手机视频成为目前主要的服务类型,同时,在细分领域当中也呈现出了差异化的服务模式。另一方面,从手机作为服务终端的角度上,一些基于移动互联网的客户端软件也迅速发展起来,例如 UCWEB、V8 书客、尚邮、瑞图等软件。

　　中国移动互联网主要细分领域及代表企业见表 9 - 3 - 7 所示。

表 9 - 3 - 7　中国移动互联网主要细分领域及代表企业

服务类型	代表企业
移动门户	3G 门户、乐讯网、摩网、手机搜狐网、手机腾讯网、掌中天涯
移动搜索	易查、儒豹、宜搜、UUCUN、百度搜索
移动垂直门户	搜房手机网、移动书城、风网 100TV、手机口碑网、手机天极
手机游戏	当乐、捉鱼、随手互动、掌上明珠、掌上乾坤、摩龙
移动 IM	PICA、手机 QQ、手机 MSN、飞信
手机视频	GGTV、GGLIVE、小虎在线

服务类型		代表企业
手机客户端	浏览器	星际浏览器、UCWEB、航海家
	阅读器	掌上书院、V8 书客、亿门楼
	邮件	尚邮、UCmail、UUmail
	导航	瑞图、灵图

数据来源：CCID 2009,1

9.3.4 影响因素之产业支撑体系

数字内容产业是一个高风险、高投入的行业,因此也对资本市场产生了严重的依赖。从国内外数字内容产业的发展历程来看,投资机构在其中扮演了重要的角色。尤其在产业概念不断创新的今天,很多新兴服务还处于市场培育期,尽管拥有良好的远期市场预期,但短期缺少充足的盈利模式,大量的风险投资机构、天使投资人成为扶持新兴企业成长、推动新兴商业模式创新的重要动力。而对于一些已经取得一定成功的数字内容企业,纷纷需求上市融资,来获得更加充裕资金支持,以满足自身不断创新发展的需要。

随着产业发展的日趋成熟,投资机构的投资策略不断进行调整,企业对融资渠道和环境也呈现出多层次的需求,因此,在投融资方面,不仅需要信贷、证券等金融工具,更需要建立一个多元化、多层次、高效的适应产业发展的投融资体制。

§9.4 中国数字内容产业发展与文化艺术管理结构

文化艺术管理学在中国是新兴学科,其学科界线在中国至今未能完全明确——在艺术院校均认可艺术管理这一名称,而在其他综合院校则有文化经纪人、文化产业管理等不同名称,文化艺术管理是一门艺术与管理交叉性的新型学科,它在中国乃至世界仍是十分年轻,而这门学科对于艺术教育和产业都将具有广泛的发展前途和深远意义。

艺术管理学作为学科的发展,最初源自国际艺术组织的经验,开始单一、普遍的艺术管理模式,而后他们开设艺术管理课程并且鼓励艺术和商业结合。这门奠定在科学理论基础上并跟随现代大生产的脚步应运而生的学科,到20世纪后半叶得到了飞速的发展。

从国际范围的成功经验来看,美、日、韩等互联网及增值服务发达国家都是根据园区自身的综合优势和独特优势,合理选择和布局并以此为基础,形成了既有相互竞争,又有资源共享和专业分工所形成的协作,从而进一步形成相关的完整体系。

文化与经济的碰撞,为创意带来了巨大的潜力;而技术与文化的碰撞,则为新的创意形式和新的创意产业带来了无限的生机和活力的同时,也带来了新的机遇和挑战。

在过去的几年间,与新媒体衍生中的数字技术和数字内容产业及相关的技术行业,充满活力、发展迅速,在这个文化产业的发展比重中越来越大。而面对愈发繁荣的数字化趋势,在文化产业新形势下的文化艺术管理模式必要的变革是因大势所趋,更重要的体系和结构也同时会因外围的升级和变革得到更多的管理方向的及时调整,因此可以确切地说,中国数字内容产业的发展与中国的文化艺术管理结构息息相关、密不可分,文化艺术管理的结构体系也将成为中国文化产业的重要旗帜,而随之方向标的含量将由数字内容产业的不断调整和发展而填充。

文化产业可以分成内容产业、传媒与平台产业和延伸产业三大块。这其中源头就在内容产业,而青少年消费者、生活方式、技术与内容的融合、媒体化即电信企业成为媒体公司,这四种力量正在推动着文化产品数字化的进程,这也正是数字内容产业发展与文化艺术管理结构有效共建的智能法宝。

结　语

一、博古论今——久远的中国文化艺术管理历史

我国的艺术管理历史渊源久远,最早可以追溯到周朝时期。

史料记载最早出现的乐舞管理机构是周代的"大司乐",它拥有从艺人员 1500 人,可称得上是世界最早,也是规模最大的音乐舞蹈学校和专业的表演艺术团体。

在隋朝初期,宫中设立了"太常司"来管理国家乐舞。太常卿是总负责人,副手太常少卿,其他还有博士 4 人、协律郎 2 人、奉礼郎 16 人。

到了唐代才华横溢的唐明皇全面强化了艺术管理。唐明皇本人建立了"梨园"这一乐舞机构,他本人事实上也就是这个机构的最高管理者。

宋代的时候除了继承和发扬唐朝的宫廷乐舞机构外,还出现了市井艺术勾栏和瓦舍。

清代的时候戏曲得到了很大的发展,戏班子的管理者开始了一种家长制的管理。

到了 20 世纪初期,出现了带有"经理制"特征的管理方式,这一变化的意义是深远的。

改革开放之后,我国才开始了真正意义上的科学的艺术管理。

文化艺术管理结构体系研究

胡锦涛在党的十七大报告第七部分——"推动社会主义文化大发展大繁荣"中明确指出：

"繁荣发展哲学社会科学，推进学科体系、学术观点、科研方法创新，鼓励哲学社会科学界为党和人民事业发挥思想作用，推动我国哲学社会科学优秀成果和优秀人才走向世界。"

中国文化管理学（文化管理研究）在 2004 年前就已经成为二级学科，正式列入了哲学社会科学的研究范畴。

胡锦涛这一次明确做出发展哲学社会科学这一指示，对于我国文化管理学是一大促进。

早在 2000 年的《全国艺术科学"十五"规划课题指南》中已经对文化管理学科的研究范畴有了明确界定，这其中具体包括：

当代中国文艺体制改革研究；

文化法制建设研究；

文化市场研究；

文化经济政策和文化产业研究；

文化艺术信息化建设研究；

社会文化建设研究；

文化人才管理与开发研究；

中国图书馆建设研究；

外国演出、展览市场研究；

网络文化现状及发展趋势研究。

以上这十个部分中，我们不难看出当时对于文化艺术管理学科的研究范畴的界定是有前瞻性的。经过十多年的时间，文化产业早已成了国家重点培植的对象，并且国内的众多高校都开设了"文化产业管理"这一专业，这说明我们文化管理学在研究方面走在了时代前列。

在《全国艺术科学"十一五"规划 2007 年度课题指南》中，文化管理

研究在这次的课题指南中演变发展成了"文化艺术管理研究",研究内容包括:

文化理论学科体系研究;

我国文化艺术产业、文化艺术市场与文化经济政策研究;

我国文化安全及其政策法规研究;

公共文化艺术服务体系研究;

中外文化艺术交流现状与发展战略研究;

文化艺术信息化建设研究;

公共文化服务方式创新研究;

公共文化服务质量标准体系研究;

公共文化机构评估系统和绩效考评机制研究;

网络文化现状、发展趋势及对策研究;

文化娱乐业现状及发展趋势研究;

音像业现状及发展趋势研究;

文化艺术产品出口政策研究;

国际传媒产业现状及发展趋势研究;

外国艺术法规译介与研究等十五个方向。

从中我们不难看出,文化艺术管理学的研究方向是紧跟时代步伐、切合实际的。这都说明我们文化艺术管理研究是具有前瞻性的,同时是符合国家政策精神的。

在我国艺术类最高级别的科研项目《2011年度国家社会科学基金艺术学项目课题指南》中再一次突出强调:

"针对我国艺术科学各门类学科理论体系建设中的薄弱环节、我国文化建设中亟待研究回答的重大理论与实践问题的研究"等内容。

进而在艺术基础理论部分中规定的《艺术社会学发展状况及学科建设研究》这一题目为这次我的撰写设定做了很好的界定。

2010 年 10 月 18 日，中国共产党第十七届中央委员会第五次全体会议通过的国民经济和社会发展"第十二个五年规划"的建议中，更是对艺术管理学科的建设做出了重要部署：

"文化是一个民族的精神和灵魂，是国家发展和民族振兴的强大力量。推进文化创新，立足当代中国实践，传承优秀民族文化，借鉴世界文明成果。推进学科体系、学术观点、科研方法创新，繁荣发展哲学社会科学。"

面对如此重任在肩的文化艺术管理，不仅需要与时俱进的更新理念，而仅对于艺术管理学科体系构建而言：

一是要从逻辑上考虑艺术管理学科体系内在的结构。作为一个完整的学科，其体系构成必然是按照其全部知识内在的逻辑联系来展开的，从特定的视角和标准对知识体系进行分类或取舍。

二是从艺术管理的实践需要出发来研究和建设艺术管理学科体系。理论来源于实践并服务于实践，所以，艺术管理学科体系的建设必须考虑艺术事业发展的实际和需要。

艺术管理是一种不断发展变化的实践活动，将会不断有新的知识、新的管理方式、新的管理经验，被纳入到艺术管理学的研究范围，从而充实这门学科的理论体系。

总之，艺术管理将会在中国艺术教育发展史上有着特殊意义，并将留下光辉的一页。

发展和建设艺术管理新学科将会是艺术学科领域发展的突破口和新途径，这对于未来我国艺术学领域的发展来说不仅有着现实意义，而且有着深远的历史意义。

二、数字内容——未来我国文化艺术管理结构重要载体

艺术管理学专业是一门理论和应用性结合很强的交叉学科，该专业

以艺术学为基础,以管理学为依托,与艺术鉴赏学、经济学、市场营销学、心理学、统计学、会计学等诸门学科相结合,将艺术策划、艺术传播、艺术营销等新型运用门类作为主要教学研究内容;以案例调研、专业实习和媒体技术运用作为特色教学手段,是一个跨学科的新型专业,它的体系建设必须依靠管理学、经济学、社会学及顺应时代发展的数字内容产业的共同参与。从以下的数字内容产业链我们可以相应地归纳出文化艺术管理建设的相应结构,如图结-2-1所示。

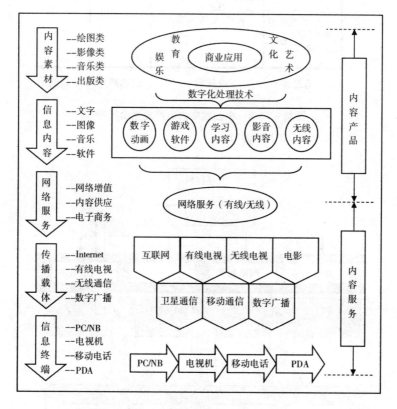

图结-2-1 文化艺术管理结构中的数字内容产业链

(数据来源:CCID 2009,01)

目前中国数字内容产业处于成长期,具有强烈的上升势头。同时,在成熟业务的带动和新兴业务的推动下,中国数字内容产业将以较快的速度持续增长。中国数字内容产业生命周期如图结-2-2所示。

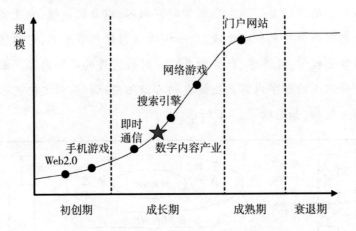

图结-2-2 中国数字内容产业生命周期

(数据来源:CCID 2009,01)

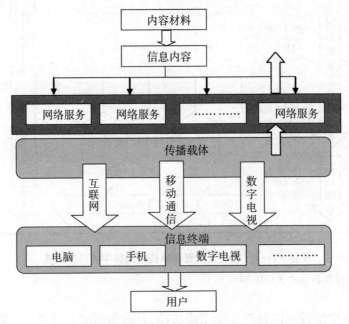

中国数字内容产业链价值流动

三、内容产业——改变我国未来文化艺术管理体系实质

内容产业从纸质印刷版本走向数字化,这也是目前中国数字内容产业链发展的模式之一。近年来,计算机、互联网以及学习机、电子书、物联网终端等消费电子设备的兴起带来的数字内容产业的发展。传统数字内容产业从创作、编辑到出版销售都离不开人工的渠道,而现有的数字内容产业的发展,则完全可能离开原有途径而有所突破。电子图书馆与传统内容的数字化是近年来数字内容发展的一个重要组成部分。而类似电子词典、工具书、文学作品的网络化也是近年来发展的一个潮流。包括文字、视频、图片、影视动漫等多媒体内容在内的传统内容的数字化仍是当今国内数字内容产业发展中的一种重要内容成长模式。

移动通信、互联网以及与数字技术等相关的新生数字内容的发展则是数字内容产业成长的另外一个重要模式。近年来,随着互联网的发展,逐渐创新的网络游戏、网络广告、搜索引擎、电子商务、网络社区、即时通信等正在为互联网注入更多丰富的内容增长空间,这些对于数字内容产业而言都是新生的互联网数字内容,电视广播的IP化则带来了三网融合的新生数字内容增长空间。而随着近年来全球以及国内的2G、3G以及4G移动通信技术的发展,短信、彩铃、彩信、移动音乐、手机游戏、手机电视、手机阅读等的发展则通过移动通信平台发展起来,成为规模庞大的数字内容产业,移动通信的宽带互联网化发展则给原有的互联网数字内容与移动通信数字内容的融合创新提供了富有想象力的发展空间。截至2010年以来的移动互联网、智能手机、平板电脑、应用商店、物联网等方面的发展则为数字内容发展带来了更为广阔的释放空间,前几项技术有利于将更多人、更加开放地融入数字内容发展的体系当中,而后者则意味着更为广泛的产品信息以及与产品相关的位置、参数、价格、质量、服务、物流等相关内容将被引入数字内容发展的规划,从而使数字内容在规模

方面得以成倍增长。

因此,文化艺术的管理结构不仅仅应当在简单的分类及所属类别的调整,更应该集聚潜力的调整顺应中国国情的实际框架及相应的结构之中来。美国以"知识产权"为核心的版权产业及"娱乐产业",英国政府"一臂间隔"和"数字英国"等无不为文化艺术管理打开现代"通天大道"。

四、商业服务与应用娱乐——组建未来新型中国文化艺术管理结构

中国数字内容产业的商务服务模式还处于发展的成长阶段。商务服务模式是指数字内容以传统的信息化内容、互联网服务内容、移动通信内容以及其他融合通信内容为载体提供服务的商业模式。比如,网络教育、网络广告、电子商务、搜索引擎、视频会议、在线会议、应用商店、移动商务、移动导航等,在这些商业模式之下,可以帮助用户实现不同类型的商业应用,以信息化的方式实现特定的商业应用价值。除去原有的移动信息化应用之外,目前在国内的商业应用模式整体上还处于规模相对较小的阶段上。随着3G及移动通信技术、移动互联网技术、传感网、物联网技术等的日益发展,商务服务模式数字内容产业发展空间依然很大。

而目前国内的数字内容产业商业模式仍是以个人应用与娱乐模式为主体的,各种面向个人的移动通信数字内容、互联网数字内容、影视动漫、三网融合型应用数字内容的商业模式大都是以娱乐模式存在的,都是以满足个人应用与娱乐模式为主体的。从目前国内的数字出版、移动通信应用、影视动漫、互联网应用来看,大都是以个人应用与娱乐消费为主导的,研究数据表明,个人应用与娱乐模式仍是目前数字内容产业商业模式的主导。分析认为,未来5~10年内,个人应用与娱乐模式仍将是构成数字内容产业商业模式的最为重要的板块。

人类文明的发展包含物质文明和精神文明两个方面的发展。然而，物质生产和精神生产反映在现代经济发展史上却存在了一个有趣的悖论，即在经济危机的背景下，每当以资本、原材料或劳动力为核心的要素的物质生产出现明显衰退，以思想、创意或知识产权为特征的文化产业却往往显现出生机和转机。（原载于《求是》2009 年第 8 期）

美国的好莱坞电影从 20 世纪 30 年代空前的经济大萧条中兴起，成为国家的产业支柱；日本动漫从 20 世纪 90 年代被经济学家称为"失去的十年"经济低迷中振兴，带动了整体经济的复苏；我们的近邻韩国的游戏产业从 1997—1988 年亚洲金融危机中转型，成为全球游戏行业领袖。这些国家的成功经验无不渗透了文化艺术管理体系结构的及时转型。文化艺术管理将多元化的产业政策，将人力、物力、财力集中于具有旺盛生命力的新兴文化业，不仅是文化产业在危机中捕捉生机、把握转机的关键所在，同时更是提升一个国家文化竞争力的重要举措。

期待中国文化艺术管理体系的腾飞之时指日可待！

159

参考文献

[1]罗海蛟. 发展数字内容产业是国家级的战略决策[J]. 中国信息界,2010(3):25 - 28

[2]彭祝斌. 中国电视内容产业链成长研究[D]. 湖南:湖南大学,2008:13 - 15

[3]雷建军. 软化的"媒介"——整合过程中的媒介内涵演变[J]. 现代传播,2007(1):54 - 56

[4]李晓鹏,孙建军. 现代内容产业及其产业模式探析[J]. 情报资料工作,2008(3):9 - 13

[5]European Commission. lnof 2000(1996 - 1999),1996

[6]OECD. Content As a New Growth Inudsy. DSTI/ICCR. IE(98)6F/NIAL,1998

[7]Dick Kaser. SIIA's Global Information Industry Summit:Content Industry Considers Business Models. Information Today [EB/OL]. November 2008:52 - 53. [2009.7.20]. www. infotoday. com

[8]中共上海市建设和交通工作委员会党校特供信息[EB/OL]. [2009 - 7 - 22]ht-tp://www. Um colleg e. com/xxkx/xxkx_text. asp? id = 345 = 345

[9]Hsin - Hann Tsai,Hong - Yuh Lee,and Hsiao - Cheng Yu. Developing the Digital Content Industry in Taiwan[EB/OL]. 2006:60 - 63. [2009 - 7 - 6]. www. interscience. wiley. com.

[10]周继红. 爱尔兰如何促进数字内容产业的发展[J]. 中国青年科技,2005(9):40 - 43

[11]Justin Pearse. Pact is well placed to serve the digital content industry[EB/OL]. New

mediaage 5 march 2009 78 – 79. [2009 – 7 – 20]. http://www. nma. co. uk/

[12]孙国庆. 日本内容产业发展分析[J]. 日本研究,2006(1):53 – 56

[13]The Korea Times. Korea to Invest W21 Billion in Digital Contents industy [EB]. http://times. Hanko oki. eomjlPage /tech/200502k/ t2005 021417553912350. htm

[14]中华人民共和国传媒大学广告学院. 中华人民共和国数字内容产业发展状况研究[EB/OL]. [2008 – 12 – 30]. http://www. diyilu. com/news/view /id – 116 2009 – 7 – 21

[15]赖茂生,闫慧. 论信息资源产业及其范畴[J]. 情报科学,2008(4):481 – 484

[16]胡再华. 数字内容产业特征、现状和发展策略研究[D]. 武汉:华中师范大学,2006 – 5 – 25:142 – 147

[17]罗海蛟. 上海数字内容产业预测与分析[J]. 中国信息界,2010(1 – 2):105 – 109

[18]王斌,蔡宏波. 数字内容产业的内涵、界定及其国际比较[J]. 财贸经济,2010(2):110 – 116

[19]张玲,李辉. 基于网络结构的信息内容产业集群式发展机理研究[J]. 情报科学,2008(6):934 – 938

[20]陈婧. 国内外企业信息资源管理理论研究进展[J]. 情报资料工作,2008(6):98 – 100

[21]Carr,Nicholas G. ITDoesntMatter. Harvard Business Review,200381(5):41 – 50

[22]Michael Hammer. Reengineering Work:Don'tAutomate. HavardBusiness Review,1990(7):104 – 111

[23]卢泰宏. 信息资源管理:新的制高点[J]. 国外图书情报工作,1992(3):1 – 6

[24]Mark WMcElroy. The NewKnowledge Management – Complexity,Learning,and Sustainable Innovation. ElsevierPress,2003:133

[25]Forest W Horton. Information Resources Management. Englewood Cliff,NJ:Prentice Hall,1985

[26]秦铁辉. 企业信息资源管理[M]. 北京:北京大学出版社,2006:7 – 8

[27]乌家培. 经济信息与信息经济[M]. 北京:中国经济出版社,1991:34 – 36

[28]郑继芳. 现代企业信息资源管理[M]. 武汉:华中理工大学出版社,1990:83 – 89

[29]苗东升. 系统科学精要[M]. 北京:中国人民大学出版社,1998:27－34

[30]杜栋,蒋亚东. 企业信息资源管理[M]. 北京:北京交通大学出版社,2006:13－32

[31]Thomas H Davenport,Laurance Prusak. Information Ecology:Master ing the Information and Knowledge Environment. Oxford University Press,1997:204－211

[32]Bonnie ANardi,Vicki L O'Day. Information Ecology:UsingTechnology withHeart. MITPress,1999:92－94

[33]于晓镭. 企业信息生态圈与3ESP模式[J]. 中国电子商务,2000(17):50

[34]李佳洋,郭东. 信息生态学——现代企业信息管理的新模式[J]. 情报科学,2005(5):673－677

[35]张学贵. 工业园区产业离散化形成机理、问题及对策[D]. 重庆:重庆大学经济与管理学院,2009－4－1

[36]王春宇. 分工、专业化与产业集群研究[D]. 沈阳:辽宁大学经济学院,2006－5－1:35－38

[37]符正平. 论企业集群的产生条件与形成机制[J]. 中国工业经济,2002(10):20－26

[38]张轶. 浙江省企业集群成长模式研究[D]. 杭州:浙江工业大学经贸管理学院,2003－6－30:52－55

[39]侯涛. 面向电子商务的供应链管理研究[D]. 武汉:武汉大学信息管理学院,2004－4－10:63－67

[40]Marshall A. Principles of Economics [M]. London:Macmillan Press,1920:1877－1890

[41]程宏伟. 西部地区资源产业链优化研究[M]. 成都:西南财经大学出版社,2009－2:39－41

[42]茵明杰,刘明宇. 产业链整合理论述评[J]. 产业经济研究,2006(3):60－67

[43]刘贵富. 循环经济的循环模式及结构模型研究[J]. 工业技术经济,2005(4):9－14

[44]姜霞美. 我国信息产业链的结构及其优化的研究[D]. 湘潭:湘潭大学,2007:73－77

[45]王娟娟. 基于产业链的数字信息服务双轨制协调管理研究[D]. 湘潭:湘潭大

学,2008:25-28

[46]何雄郎,李国平.产业集群演进机理与区域发展研究[M].北京:中国经济出版社,2009:38-43

[47]黎苑楚.信息产业演进规律与发展模式研究[D].武汉:武汉大学,2005:25-27

[48]吴德进.产业集群论[M].北京:社会科学文献出版社,2006:57

[49]Growston, Kevin. Information technology and the transformation of industries: Three research perspectives[J]. Journal of Strategic Information Systems, March2004, V13, nl:5-28

[50]吕静.文化创意背景下的互联网创新途径[D].重庆:西南政法大学新闻传播学院,2009:16-18

[51]海涛.中小企业集群的竞争优势研究[D].长沙:中南大学商学院,2004-6-30:83-87

[52]程波.我国产业集群可持续发展研究[D].重庆:重庆大学经济与工商管理学院,2005-5-1:48-52

[53]蒋东仁.论产业集群及其成长中的政府行为[D].南京:南京理工大学经济管理学院,2005-11-1:39-43

[54]陈海涛.中小企业集群的竞争优势研究[D].长沙:中南大学商学院,2004-6-30:79-81

[55]朱亚军.论企业集群经济与农村剩余劳动力的转移[D].桂林:广西师范大学政治与行政学院,2005-5-1:103-105

[56]产业经济学(Industrial Economic 网络(http://baike. baidu. com/view/283525. htm)

[57]王欣.信息产业发展机理及测度理论与方法研究[D].吉林:吉林大学,2008:58-65

[58]魏农建.产业经济学[M].上海:上海大学出版社,2008:29-35

[59]惠宁.产业集群的区域经济效应研究[M].北京:中国经济出版社,2008:31-35

[60]孙久文.区域经济学[M].北京:首都经济贸易大学出版社,2010:32-35

[61]陈建斌,郭彦丽.信息经济学[M].北京:清华大学出版社,2010:191-195

[62]Challenges for the EuroPean Information Society beyond2005. Report of Commissionof the EuroPean Communities, COM(2004)757final Brus sels,2004

[63] United Nations and World Trade Organization, Manual on Statistics of International Trade in Services, July 2002:254 – 259

[64] 徐涛. 中国游戏产业成长分析[D]. 北京:清华大学新闻与传播学院,2005 (6):16 – 18

[65] 侯亮. 国内外数字内容产业发展现状分析[J]. 软件导刊,2007(11):6 – 8

[66] 刘钢. 数字内容产业的发展对我国现代化的贡献. 第六期中国现代化研究论坛论文集[C]. 北京,2008:97 – 101

[67] 李婧,李凌汉. 中国数字内容产业发展中存在的问题及政府调控[J]. 经济研究导刊,2009(4):21 – 22

[68] 赵顺龙. 技术创新联盟与产业发展阶段的匹配及类型选择[J]. 江海学刊,2009(3):90 – 96

[69] 刘钢. 数字内容产业的发展对我国现代化的贡献. 第六期中国现代化研究论坛论文集[C]. 北京,2008:104 – 109

[70] Department of Commerce of US. The Emerging Digital Econmy[EB/OL]

[71] Nick Mooer, Acumen. European Content for the21 century:A Forecast to2005[EB] http:www. acumenuk. co. uk/paapers/European_content _visi on. php.

[72] Chuan – Kai lee. Cluster Adaptability across Sector and Border:The Case of Taiwan's Information Technology Industry[D]. Berkeley:Univ. of California,2006:1 – 206

[73] 移动 SNS 社区海外标杆案例研究报告(2009)中国市场报告网 http//www. 360 BaoGao. com/2009 – 10/ yidong shequhai waibiaogananliyanjBaoGao. html 2009. 11

[74] 何东. 数字内容产业的发展与展望[J]. 武汉电信网络监控部,2007:5 – 6

[75] 高新民. 发展在线数字内容产业促进数字网络融合[N]. 中国电子报,2008 – 1 – 10(4)

[76] 治钢. 中国数字内容产业亟待解决三大问题[N]. 中国经济时报,2007.

[77] 侯亮. 国内外数字内容产业发展现状分析[J]. 中国电信武汉分公司,2007: 6 –8

[78] 2008 年中国数字内容产业及 2009 – 2013 年发展预测研究报告:CCID. 2009. 8: 114 –119

[79] Uday M. Apte, Uday S. Karmarkar, Hiranya K. Nath. Information Services in the

U. S. Economy：VALUE，JOBS，AND MANAGEMENT IMPLICATIONS［J］. Caufornia Mangen-men Review,2008:12 – 30

　　［80］Dae – Je Chin. Broadband and digital content：Creativity，growth and employment［J］. Digtal Content Creation Distubution and Access january,2006:30 – 31

　　［81］中国数字内容产业发展状况研究（下）. 中商情报网［2009 – 7 – 20］. http://www. askci. com,2009. 7. 20

　　［82］毕强,韩洁平,赵娜. 信息内容产业的发展机理与发展规律研究［J］.情报资料工作,2010(2):20 – 24

　　［83］王志敏. 从集聚到集群:产业集群形成机制分析［J］. 企业经济,2007(2):39 – 42

　　［84］刘友金. 产业集聚、集群与工程机械工业发展战略［J］. 求索,2004(8):4 – 7

　　［85］符韶英,徐碧祥. 创意产业集群化初探［J］. 科技管理研究,2006,(5):54 – 56

　　［86］韩洁平,毕强. 数字内容产业研究与发展［J］.情报科学,2009(11):1741 – 1746

　　［87］毛利青. 创意产业区发展的区域创新网络机制研究［D］. 同济大学硕士学位论文,2007:33 – 38

　　［88］韩洁平,毕强,赵娜. 信息内容产业集群形成机理分析［J］.情报资料工作,2009(11):5 – 9

　　［89］林竞君. 网络、社会资本与集群生命周期——一个新经济社会学的视角［M］. 上海:复旦大学出版社,2005:85

　　［90］仇保兴. 发展小企业集群要避免的陷阱——过度竞争所致的"柠檬市场"［J］. 北京大学学报(哲学社会科学版),1999(12):25 – 29

　　［91］徐康宁,冯春虎. 中国制造业地区性集中程度的实证研究［J］. 东南大学学报(哲学社会科学版),2003(13):210 – 213

　　［92］Han Jieping. The research and progress of global digital content industry, ISBIM 2010:2010 Second International Seminar on Business and Information Management, Wuhan, September 13 – 14,2010［C］. HongKong,2010:74 – 79

　　［93］李晓鹏,孙建军. 现代内容产业及其产业模式探析［J］. 南京大学信息管理系,2008(3):8 – 12

　　［94］张玲,李辉. 基于网络结构的信息内容产业集群式发展机理研究［J］. 吉林大学,2008,26(6):935 – 938

[95]何飞鹏. 数字内容产业的关键变革[J]. 港澳台之窗,2009:33－34

[96]孔翠莲,罗思,余臻. 下一代网络背景下的数字内容产业发展分析[J].特区经济,2009:12

[97]王文平. 产业集群中的知识型企业社会网络:结构演化与复杂性分析[M].北京:科学出版社,2009:137－145

[98]Han Jieping. The Research of Information Content Industry Develop ing Mechanism and Regularity, ICIII2010: The 2010 International Conference on Energy Sources and Smart Grids Development, Kunming, September 10,2010[C]. 2010:136－147

[99]Han Jieping. The Formation Mechanism Analysis of Information Content Industry Cluster, ISQNM 2010:2010 International Symposium on Quantum, Nano and Micro Technologies,2010[C]. NewYork,2010:158－167

[100]彭祝斌. 中国电视内容产业链成长研究. 湖南大学博士论文,2008－2－16

[101]刘陆军. 数字内容产业特征、现状和发展策略的研究[D]. 武汉:华中师范大学,2006:35－39

[102]邵昶,产业链形成机制研究. 中南大学硕士论文,2005－6－30:47－51

[103]赖茂生,闫慧,龙健. 论信息资源产业及其范畴[J].情报科学,2008(4):481－490

[104]谢友宁,杨海平,金旭虹. 数字内容产业发展研究[J]. 图书情报工作,2010(12):16－19

[105]孔剑明. 数字内容产业的典型:时代华纳的盈利模式分析[J]. 新视觉艺术,2009(4):102－104

[106]杨梅. 发达国家内容产业发展概要[J]. 中国信息界,2010(1－2):102－104

[107]王娟娟. 基于产业链的数字信息服务双轨制协调管理研究. 湘潭大学硕士论文,2008－5－8:55－59

[108]金方洙. 基于无所不在的资讯环境下内容产业的发展与管理[D]. 浙江:浙江大学,2008:36－37

[109]罗伟. 汽车产业集群的机理与实证研究. 武汉理工大学博士论文,2007－11－10:37－46

[110]李想. 模块化分工条件下网络状产业链的基本构造与运行机制研究. 复旦大学博士论文,2008－4－10:28－33

[111]何雄浪.专业化分工、网络组织与产业集群形成和发展机理分析[J].宁波广播电视大学学报,2006－12－15:83－87

[112]张平,王树华.产业结构理论与政策[M].武汉:武汉大学出版社,2009:63－68.

[113]吕炜.产业盈利性——基于复杂适应系统理论的评价模式与实证[M].北京:经济科学出版社,2009:16－74

[114]张蕴如.加工贸易与开放式产业结构升级探析[J].国际经贸探索,2001(3):30－36

[115]Gereffi G. "International Trade and lndustrial Upgrading in the Apparel Commodity Chain [J]. In Joumal of International Economies, Vol. 48, No. 1, 1999:37－70

[116]Lee, J. and J. Chen. "Dynamic Synergy Creation with Multiple Business Activities: Toward a Competence－based Growth Model for Contract Manufacturers", in R. Sanchez and A. Heene (eds.). Research in Competence based Management[M]. Advances in Applied Business 5trategy Series, Vol, C, JAI Press, 2000:587－596

[117]Lee J. and J. Chen. "Dynamic Synergy Creation with Multiple Business Activities: Toward a Competence－based Growth Model for Contract Manu facturers", in R. Sanchez and A. Heene (eds.), Research in Competence based Management[M], Advances in Applied Business 5trategy Series, JAI Press, 2000:680－712

[118] Final Evaluation of the INFO2000 Programme. [2009－11－1]. http://europa. eu. int/ comn/ information－society /evaluation/pdf /repor tlinfo 2000－en. pdf

[119]赖茂生,闫慧,龙健.论信息资源产业及其范畴[J].情报科学,2008(4):481－490

[120]韩洁平.电子商务基础概论[M].长春:吉林科技出版社,2009:83－89

[121]彭祝斌.中国电视内容产业链成长研究[D].湖南:湖南大学,2008:86－90

[122]杨惠馨,纪玉俊,吕萍.产业链纵向关系与分工制度安排的选择及整合[J].中国工业经济,2007(9):14－20

[123]刘沙白,中国电视产业与市场化程度研究.[2009－11－5]. http://people. com. cn/GB/ 14677/22114/ 36723/ 2744416. html

[124]史丹,李晓斌.高技术产业发展的影响因素及其数据检验[J].中国工业经济,2004(12):32－39

[125]A. D. 钱德勒主编,柳卸林主译.大企业和国民财富[M].北京:北京大学出版社,2004:549 - 550.

[126]韩洁平.电子商务基础概论[M].长春:吉林科技出版社,2009:110 - 112

[127]毕强.信息内容产业的发展机理与发展规律研究[J].情报资料工作,2010(2):68 - 73

[128]韩洁平.信息内容产业集群形成机理分析[J].情报资料工作,2009(11):183 - 188

[129]姜宏波,韩洁平.电子商务概论[M].北京:清华大学出版社,2009:67 - 69

[130]吉林省教育厅"十一五"社会科学研究项目,吉林省政府网站信息构建发展状况研究,2009.11,主要完成人韩法平.

[131]吉林省社会科学基金项目,我国政府网站信息构建发展状况研究,2007.4,主要完成人.

后　记

"我思献人人、人人助我思。"

未来人类生活的各个方面都将进入一个万物互联的大数据时代。

就在我即将告别在东北电力大学艺术学院研究生学习的美好时光之时，我能荣幸地与郭萌教授和韩洁平教授共同完成此专著部分内容的撰写，我想对我一生，特别是未来工作都将受益匪浅，乃至终身受益。

在即将到来的这个崭新飞跃时代，我们共同面对的应该是毫无保留的这样一个世界——数字化的文化艺术管理与内容产业必将成为我们这个共有世界一种共享共治的文化生态。未来发展会不断促进文化艺术管理体系与数字内容产业共同伴随互联网共计共赢发展，让全人类真正共享整个世界的美好未来。

那么如何能够在世界互联网棋局中刻下鲜明的"**中国印记**"？

我们不难看出：未来，中国经济的转型与再发展，一定会与现代世界各国高速发展一致的是，同样需要以文化产业为龙头，进行产业升级与快速发展。

文化与任何行业都息息相关，文化艺术可发挥和想象空间也是巨大的，而文化艺术所创造的产能和价值也是任何一个传统产业无法比拟的。

因此,下一个十年,你想掘取自己的第一桶金,切记！要与文化、艺术融合在一起。

再次感谢艺术学院的老师们对我成长关心和照顾,您们的谆谆教诲将会是我无时不刻动力所在,我一定会为自己再次加油！

在我期待数字化的未来中国文化艺术管理体系为即将到来中国文化强国战略助力远航之际,更期待这所与新中国一起成长的我的母校——东北电力大学艺术学院桃李芬芳,蒸蒸日上！

毕依云

二〇一五年十一月十九日于山东聊城